Business Advertising – Hindi Edition

By Arthur H Tafero

Includes lesson plans in Hindi

व्यापार विज्ञापन - हिंदी संस्करण

आर्थर एच Tafero तक

हिन्दी में पाठ योजना भी शामिल है

फॉरवर्ड

मैं बेहद यह आनंद, क्योंकि मैं विपणन के एक प्रोफेसर हूँ. मैं विपणन पागलों सक्रिय करने के लिए पर्यवेक्षकों से विकसित मेरे विश्वविद्यालय के छात्रों की रचनात्मकता देख प्यार करता हूँ. कुछ इसे पाने के लिए और दूसरों को नहीं है; बस मैडसिन एवेन्यू पर वास्तविक जीवन में पसंद है. मैं एक बहुत ही निविदा उम्र (18) पर विज्ञापन पर विफल और वॉल स्ट्रीट पर लेखांकन लागत में वापसी करने का सौभाग्य था. मैं संख्या के साथ अधिक सहज थी. मैं सिर्फ यह मेरे विज्ञापन एजेंसी के अगले स्तर तक जाने के लिए ले लिया रचनात्मकता नहीं था. हम अनुकूल शर्तों पर जुदा और मैं वहां गया था, जबकि मैं एक बहुत कुछ सीखा है.

1965 में, विज्ञापन अभी भी अपने विकास के चरणों में एक व्यापार था. टीवी विज्ञापन अभी भी समय पर मैडसिन एवेन्यू पर सबसे विज्ञापन एजेंसियों के लिए एक रहस्य था. Olgilvy और माथर इसे काफी अच्छा लग रहा था, लेकिन कई अन्य एजेंसियों है कि आयोजन स्थल में floundered. तो आसान अनुसंधान करने के लिए कोई कंप्यूटर थे. सब कुछ किताबें, पुस्तकालयों और सर्वेक्षण लेने के लिए बाहर जा रहा है के साथ किया जा सकता था. रिसर्च थोड़ा और अधिक शारीरिक रूप से तो मांग कर रहा था. डाटा स्टोर करने के लिए कोई सेल फोन थे. आप पीले नोट पैड पर लिखने का एक बहुत कुछ किया है. शोधकर्ताओं ने इतने सारे नोट लेने से उनके हाथों में ऐंठन हो जाया करता था.

कोई इंटरनेट नहीं विकिपीडिया, कोई खोज इंजन या डेटा स्टोर करने के लिए भी एक जगह है, वहाँ था. डाटा प्रोसेसिंग keypunch कार्ड पर रखा और सफेद संख्या और पाठ पर काले बोरिंग के साथ पर और पर चला गया है कि भारी कागज पर मुद्रित किया गया था. आप अंधा हो जाना या सिर्फ एक घंटे के लिए उन्हें पढ़ने सोने के लिए जा सकते हैं. हर कंपनी फाइलें था; और मैं फ़ाइलों का एक बहुत मतलब है. कागज फाइल. मेट्रोपोलिटन

लाइफ इंश्योरेंस की तरह एक जगह कागज फाइल लेकनि कुछ भी नहीं था कि कार्यालयों के फर्श था. कैसे लोग वहाँ काम करते हैं और उनके ववािक मुझे परे था बनाये रख सकता है.

हाँ आप एक क्यों खरीदना चाहएि पर आने वाले शैक्षणकि (खुद की तरह) कुछ समझाने की Chesterfield के नृत्य सगिरेट के बक्से के साथ अनाड़ी टीवी वज्ञािपनों, साथ भयानक रेडयिो स्पॉट थे, वज्ञािपन अभी भी एक अयथार्थ वज्ञिान था (और अभी भी उस बात के लएि है) 1965 में अपने मस्तष्कि की क्षमता में वृद्धि होगी कि कुछ उत्पाद, व्यावहारकि रूप से कयिा था कि नीचे फ्लोरडिा के रास्ते पर अपने वज्ञािपन के लएि उनके चत्रि या सुर्खयिों के तहत कोई कैप्शन, और कुछ बहुत खराब होर्डगि था कि मंद अखबार वज्ञािपन आधा आप अतीत गाड़ी चला रहे थे, जबकि उन पर लखिति संवधिान साठ मील की दूरी पर है और एक घंटे में इसे पढ़ने के लएि के बारे में पाँच सेकंड था.

वज्ञािपन फरि से एक लंबा सफर तय कयिा है, लेकनि यह मैं एक वज्ञािपन यार, मैं मेरे वशि्ववद्यिालय को पढ़ाने के लएि उपयोग पुस्तकों में से एक के इकबालयिा, डेवडि ओगल्विी अपने क्लासकि पाठ में कब्जा कर लयिा था जो मेरा मानना है महान वज्ञािपन, की मूल बातें भूल जाने के लएि जरूरी नहीं है YUFE (युन्नान वत्ति वशि्ववद्यिालय और अर्थशास्त्र), पूरे देश में व्यापार के लएि प्रमुख चीनी वशि्ववद्यिालयों में से एक में छात्रों. आपने हाल ही गौर नहीं कयिा है, तो चीन और अपनी आर्थकि प्रेमी पछिले दस वर्षों में सकल घरेलू उत्पाद में अन्य सभी देशों obliterated है. यह सुनश्चिति हो, चीन की अर्थव्यवस्था में कमजोरी (सभी अर्थव्यवस्थाओं में वहाँ के रूप में) अभी भी कर रहे हैं, लेकनि (जनसंख्या का 5% एक नया व्यापार शुरू करने की कोशशि की है से अधकि) चीनी छात्रों उद्यमी जीन के साथ पैदा होते हैं; कि 65 मलियिन से अधकि कारोबार है.

उस नंबर के नकारात्मक पक्ष इन व्यवसायों के 92% चीन के बैंक में व्यापार ऋण वभिागों के अनुसार तीन साल के भीतर असफल. हालांकि, कि व्यापार की दुनयिा की मशीन गन आग में सीधे शीर्ष पर जाने से सैनकिों की अगली लहर को रोक नहीं करता.

युद्ध में, कोई भी कभी भी वे आग की लाइन में गरि करने के लएि अगले एक हो जाएगा सोचता है.

अनुसरण कर रहे हैं चीन के सभी छोटे व्यवसायों के 90% से अधकि की वफिलता के लएि तीन प्राथमकि कारण हैं; (1) गरीब वज्ञािपन, (2) बनाने और एक भरोसेमंद राजस्व वकिसति करता है, और एक आला, या बहुत अनूठा तरीका होने के महत्व को समझने की (3) एक वशिष्टि कमी है कि एक वेब साइट को बनाए रखने में गरीब के रूप में प्रौद्योगकिी कौशल,. ये और कई अन्य मुद्दों और अच्छा वज्ञािपन के सद्धिांतों की योजना की रूपरेखा नम्निलखिति पाठ में चर्चा की जाएगी. आप सामग्री से लाभ की उम्मीद है.

आर्थर एच Tafero

लेखक

Amazon.com

मार्केटगि के प्रोफेसर

वत्ति और अर्थशास्त्र के युन्नान वश्िववद्यिालय के स्कूल

स्वामी

AskMrMovies.com

सामग्री की तालकिा

व्यापार वज्ञिापन

पाठ्यक्रम की रूपरेखा

व्यापार वज्ञिापन के लिए इस पाठ्यक्रम की रूपरेखा शामिल होंगे, लेकनि सीमति नम्निलखिति नहीं कयिा:,, लक्ष्य वभिाजन, संदेश की स्पष्टता, खरीदने के लिए कारण, मूल्य प्रस्ताव की वश्विसनीयता वांछति उपभोक्ता कार्य, के सापेक्षता लक्ष्य के वज्ञिापन के वांछति भूमकिाओं उद्देश्य की स्पष्टता मानसकिता, मध्यम, पीपीसी (प्रतिक्लिक भुगतान), एसईओ (खोज इंजन अनुकूलन) शब्द चयन, वज्ञिापन डजिाइन, वज्ञिापन तत्वों, और कला, डेवडि ओगल्विी के एक मास्टर से क्लासकि वज्ञिापन सुझावों की एक परीक्षा के वकिल्प. शामलि क्षेत्र हैं: एक वज्ञिापन एजेंसी का प्रबंधन कैसे, ग्राहकों को प्राप्त करने के लिए, ग्राहकों को रखने के लिए कैसे, कैसे शक्तशिाली कॉपी और दूसरों को कैसे लखिें, ग्रेट अभयिान बनाने के लिए. इसके अलावा चीन में वज्ञिापन के मुद्दों और बक्रिी पर ध्यान केंद्रति चार सबक होगा पाठ्यक्रम में शामलि थे.

प्राथमकि शक्षिण पाठ:

एक वज्ञिापन मनुष्य का इकबालयिा - डेवडि ओगल्विी

प्रशक्षिक: आर्थर एच Tafero, एमए, कोलंबयिा वशि्ववद्यिालय

एक सबक के लिए पहचान

तो आप वज्ञिापन में होना चाहता हूँ. तुम पागल आदमी की हर एपसिोड देखा और यह आप अगले डोनाल्ड ड्रेपर बनने का मौका के लिए तरस कर दयिा. भूल जाओ; यह सर्फि एक टीवी शो है और यह कम से कम पचास साल समय से पीछे है. यह सेल फोन, कंप्यूटर, इंटरनेट, डीवीडी पहले था, केबल टीवी, सीडी, और अप्रचलति शो पर लगभग सब कुछ करना है कि अन्य तकनीकी वकिास के एक मेजबान. कंपनी कोई वेब साइटों था. राजस्व धाराओं और एसईओ समस्याओं समझ से बाहर थे.

यह वज्ञिापन के मानवीय तत्व पर कब्जा करने के लिए आया था जब हालांकि, पागल पुरुष बहुत ज़्यादा

अपने स्वयं के और बेहद सटीक के एक लीग में है. विज्ञापन execs एक गलती है,, पागल संचालति और अधकि करने के लिए महत्वाकांक्षी, लालची, क्रूर हैं. कुछ नैतकिता है, लेकनि सबसे ज़्यादा नहीं है. आप कैसे कयिा जाएगा नैतकि खुद के लिए तय करना होगा. नैतकि हो सकता है और अभी भी पैसे का ढेर बना सकते हैं? डेवडि ओगल्विी कयिा था और मैं एक रोल मॉडल के रूप में उसे उपयोग कर रहा हूँ कि क्यों है. उनकी पुस्तक स्पष्ट रूप से विज्ञापन व्यवसाय सब मज़ा और खेल नहीं है कि दिखिाता है. क्यों लोग ऐसा करते हैं? आप सफल हैं क्योंकि अगर आप दस बार पैसे कसिी एक कार्यालय में काम कर रहे हैं या एक शैक्षणकि संस्थान में आता है कर देगा.

यहाँ विज्ञापन के कुछ बुनयिादी सद्धिांतों परख होती है कि एक सबक योजना की रूपरेखा है.

पाठ 1 - जनरल विज्ञापन तत्वों

1. उद्देश्य की स्पष्टता: आप विज्ञापन कर रहे हैं क्यों क्या कारण है, आप बाहर प्राप्त करने के लिए कर रहे हैं कि यिह क्या है - इस विज्ञापन अभयिान के निर्माण के लिए नींव है, क्योंकि यिह बहुत स्पष्ट होना चाहिए. एसआरएस वैल्यू बाजार बेहतरीन उत्पादों और कीमतों के लिए जगह के रूप में ही स्थति की तरह कर सकते. जबकि, एक्सॉन उनके व्यापार के पर्यावरण के अनुकूल दृष्टकोिण पर लोगों को आश्वस्त करने के लिए तरह कर सकते हैं.

2 विज्ञापन के वांछति भूमकिा: आप एक नए उत्पाद या सेवा को पेश करना चाहते हैं? आप अपने ब्रांड की कल्पना को ड्राइव करना चाहते हैं? आप एक नेतृत्व की भूमकिा लेने के लिए ब्रांड चाहते हैं? आप अपने ब्रांड अपने उपभोक्ताओं को संलग्न करना चाहते हैं? आप परीक्षणों को ड्राइव करना चाहते हैं? आप धारणाओं को बदलने के लिए चाहते हैं? आप सही लीवर धक्का कर सकते हैं कि इतना पहले इस पर अपनी उंगली डाल दयिा.

3 लक्ष्य विभाजन: आप एक केंद्रति तरीके से बात करने की इच्छा लोग कौन हैं - यह उनकी जरूरतों और आकांक्षाओं, motivators, रवैया, अपने संचार में आउटलुक में निर्माण करने के लिए भुगतान करता है. मैं एक नया हपि पब के लिए देख रहे हैं, या मैं अपने बीमा उत्पाद के लिए एक प्रमुख लक्ष्य है जो एक युवा परविार के आदमी बात कर रहा हूँ जो युवाओं को देख रहा हूँ?

संदेश की 4 स्पष्टता: स्पष्टता भी अपने प्रस्ताव के कुरकुरा एकल उदारता भी शामलि है. यह जसिका निर्माण घटकों के एक से अधकि हो सकता है प्रस्ताव, की एकल उदारता है याद रखें. संदेश में बड़ी तस्वीर लेकनि बजाय उन पांच अलग अलग चीजों का परणिाम है कि शिक्तशिाली बात के बारे में, पांच अलग अलग चीजें नहीं होना चाहिए.

खरीदने के लिए 5 कारण: आप अपने लक्ष्य रखा, अलग, प्रासंगिक, रोमांचक, समस्या को सुलझाने की पेशकश आमंत्रति अपने ब्रांड मलि जाएगा कारण …

मूल्य प्रस्ताव के 6 विश्वसनीयता. महत्वपूर्ण, आप नहीं करना चाहते लोगों पेज फ्लपि या चैनल जैप.

7 वांछति उपभोक्ता कार्रवाई: यदि आप अपने संचार का एक परणिाम के रूप में उसे करने के लिए इच्छा है कि यह क्या है:,, आप में से बेहतर लगता है कि अपने उत्पाद का उपयोग करने के बाद आत्मवश्विास महसूस अपनी दुकान पर जाएँ, ऑनलाइन खरीद, एक डेमो के लिए पूछना …

लक्ष्य सेट की वर्तमान मानसकिता के साथ 8 सापेक्षता. आज के परदि्शय लोगों को पहले राजधानी संरक्षण चाहते हैं, तो यह एक उच्च जोखमि वाले तंग करने के लिए समय नहीं होगा, तो स्मॉल कैप म्यूचुअल फंड उच्च वापसी.

मध्यम से 9 च्वाइस: टीवी, वेब, समाचार पत्रों और पत्रकिाओं, रेडयिो … उनकी वशिेषताओं और उपभोक्ताओं द्वारा खपत व्यवहार कभी कभी बहुत वैचारकि स्तर पर यह प्रभाव, वज्ञिापन की तरह परभाषिति करते हैं. संयोजन ऑडयिो, वीडयिो, वेब और ग्राफकि्स द्वारा की पेशकश की बैंडवडि्थ शानदार हो सकता है.

10 अंतरक्षि और ज्वलंत अतशियोक्ति, रूपकों, अप्रत्याशति उपचार, starkness के लिए की जरूरत है. सादे कुछ भी आप कुछ highpoints में बनाने की जरूरत है, बहुत ज्यादा बाहर खड़ा है.

पीपीसी के लिए 11 बोलयिां (परतक्लिकि भुगतान) अभयिान

12 बजट पीपीसी compaigns
सफलता और अधकि से अधकि लागत पर लाभ के इन दो तत्वों अवधारणा के बनिा हासलि नहीं कयिा जा सकता. कैसे आप अपने पीपीसी अभयिान के लिए सबसे अच्छा बोली और बजट मलि रहा है?
अपने अभयिानों के परबंधन में मदद मलिेगी कि कुछ पीपीसी परबंधन सेवाओं
• परबंध लागत
• एक क्लकि के मूल्य में जांच
अधकि खर्च को रोकने के लिए जब • यह जानते हुए
अच्छी तरह से • रनगि बजट
• रणनीतकि बडिगि सस्टिम आपरेटगि
अपने अभयिानों को शुरू करने हालांकि, जबकि दो सवाल ठीक से कर रहे हैं का मनोरंजन कयिा जाना चाहिए

एक. कैसे हम उच्च गुणवत्ता सुराग उत्पन्न कर सकते हैं?

बी. हम कैसे होता है की उच्च मात्रा उत्पन्न कर सकते हैं?

इन दो सवालों के बीच संतुलन बनाए रखने के अपने पीपीसी अभियानों में से किसी के लिए बोली और बजट के लिए महत्वपूर्ण हो जाएगा.

आईसीए और HW 1

निम्नलिखित निबंध उत्तर

1 आप कैसे उच्च गुणवत्ता सुराग उत्पन्न कर सकते हैं?

2.कैसे हम विज्ञापन देने के लिए हमारे मध्यम चुनना चाहिए?

3 क्यों लक्ष्य विभाजन विज्ञापन में महत्वपूर्ण है?

4 विज्ञापन के वांछित भूमिका क्या है?

इस पाठ के लिए अतिरिक्त इंटरनेट संसाधन:

जनरल संसाधन

http://www.askmrmovies.com

विज्ञापन के बारे में पागल लोग (1990) महान डुडले मूर फिल्म

व्यावसायिक विज्ञापन

shinyads.com/solutions/self सेवा-pro/

Adverting के तत्वों

www.adsavvy.org/5 तत्वों का एक महान advertisement/

दो सबक को पहचान

तो आप अपने नए पोस्टर या वेब साइट पर विज्ञापन के लिए देखा जा करना चाहते हैं. आप की समीक्षा करने और आप भी अपने शानदार विज्ञापन अभियान के साथ तूफान ने दुनिया लेने के लिए प्रयास करने के लिए शुरू करने से पहले समझने के लिए विज्ञापन डिजाइन और एक सफल डिजाइन बनाने के तत्वों है कि महत्वपूर्ण हैं. यहाँ अपने प्रस्तावित विज्ञापन के लगभग हर विस्तार के लिए मूल के कुछ परख होती है कि एक नहीं बल्कि लंबा सबक योजना की रूपरेखा (यह वास्तव में, दो सबक में इसे तोड़ने के लिए बुद्धिमान हो सकता है) है. बल तुम्हारे साथ हो सकता है.

पाठ 2 - विज्ञापन डिजाइन

इस विज्ञापन नोटसि!

13 विज्ञापन डिजाइन: ध्यान हमेशा पहली बार है

यह एक सरल है. लोगों को अपने विज्ञापन की सूचना नहीं है, तो सफलता की संभावना बिल्कुल शून्य है. आपका विज्ञापन डिजाइन बिल्कुल पहले ध्यान मिलिनी चाहिए.

रिसर्च विज्ञापनों का 85% कोई फर्क नहीं पड़ता कि वे निर्माण करने के लिए कितिना खर्च, पर देखा नहीं मिलता है कि इंगित करता है. आप कार्रवाई चाहते हैं देखा जाना है. अपने विज्ञापन के लिए भीड़ से बाहर खड़े नहीं करता है क्योंकि सिर्फ अपने ग्राहकों के 85% खोने की कल्पना. [वे ध्यान मिलता है या पहले छह बार से अपने विज्ञापन के जवाब में वृद्धि के बारे में सोचना].

14 विज्ञापन डिजाइन: कल्पना

मजबूत कल्पना सबसे अच्छा ध्यान मनुष्य है. यह ध्यान हो रही करने के लिए आता है जब एक तस्वीर 1000 शब्दों सचमुच के लायक है. बड़े दृश्यों [60% विज्ञापन के -70% तस्वीर है] कि सुविधा विज्ञापन शक्ति को रोकने के लिए उच्चतम स्कोर.

लेकिन अगर आप ध्यान का सही तरह मिलि सुनिश्चित करने की जरूरत है. एक नग्न मॉडल का एक बड़ा, सुंदर, पूर्ण रंग तस्वीर आप एक ध्यान का बहुत कुछ है, लेकिन आप नहीं चाहते तरह मिलि जाएगा. एक बड़ी तस्वीर अपने विज्ञापन डिजाइन हुक्म मत देना. यह अपने संदेश मैच के लिए अपनी कल्पना के लिए महत्वपूर्ण है. अपने चित्रों को अपने प्रति मैच है, और साथ में वे अपने उद्देश्य से संदेश देना चाहिए.

यह शायद विज्ञापन डिजाइन में सबसे आम गलती है. तस्वीरों उत्पाद या सेवा के साथ बहुत कुछ करना नहीं है, या वे सही संदेश देना नहीं है. फोटो वासना या हास्य बेचता है, और आप सुरक्षा बेच रहे हैं, मानसिक इसके विपरीत सबसे अधिक निर्धारित पाठकों लेकिन सभी को भ्रमित करेंगे. लोगों को वे अपने विज्ञापन के लिए आकर्षित कर रहे थे कारण [तस्वीर] आप क्या बेच रहे हैं से मेल नहीं खाता, क्योंकि आपके द्वारा पारित करेंगे. आप अपने विज्ञापन डिजाइन के साथ गलत ध्यान आकर्षित किया है.

15 विज्ञापन डिजाइन: कंट्रास्ट

कल्पना अपने विज्ञापन डिजाइन के साथ ध्यान आकर्षित करने के लिए सबसे पहले जिस तरह से है, तो इसके विपरीत निश्चित रूप से दूसरा रास्ता है. आपका विज्ञापन पृष्ठ पर अन्य विज्ञापनों के साथ इसके विपरीत चाहिए. डिजाइनरों आप में होगी विज्ञापन वास्तविक मध्यम देखने के लिए यह महत्वपूर्ण है यही कारण है कि. अपने विज्ञापन केवल पृष्ठ पर सब कुछ के साथ मिश्रणों, तो आप अपने पैसे बर्बाद कर रहे हैं. अपने

ग्राफकि डजिाइनर अपने वज्ञिापन दखिाई देता है जहां परवाह नहीं करता है - उसे या आग.
यहां तक बदतर में सम्मशि्रण से, अपने ग्राहकों को अपने प्रतयोगी वज्ञिापन के लिए अपने वज्ञिापन गलती हो सकती है. आप अपने वज्ञिापन डजिाइन आपकी कंपनी इसके आसपास अन्य वज्ञिापनों के साथ वरिोधाभासों कि एक अद्वतीय देखो देने के लिए चाहते हैं.

16 वज्ञिापन डजिाइन: अलग रहो
कल्पना सबसे पहले है, और इसके वपिरीत दूसरे नंबर पर है, तो अलग होने के अपने वज्ञिापन डजिाइन के साथ ध्यान आकर्षति करने के लिए तीसरा रास्ता है.
लोग असामान्य, नया, मजेदार, अलग अलग बातें करने के लिए आकर्षति कर रहे हैं. अपने संकल्प आपको सूचति करेंगे के रूप में आप अपने रूढ़िवादी ओर से के रूप में दूर अपने वज्ञिापन डजिाइन धक्का की जरूरत है. यह कठनि हो सकता है, लेकनि एक शांत, शांत, रूढ़िवादी वज्ञिापन करने के लिए कह रहा है आपके दमिाग में उस छोटे से आवाज नहीं सुनते. इस परणिाम के बारे में है. अपने वज्ञिापन डजिाइन के साथ एक छोटे से पागल हो जाओ.
आप उत्तर अमेरकिा में रहते हैं, तो आप दुनयिा के बेहतरीन वज्ञिापन देखा है. अमेरकियिों कभी बनाया उच्चतम गुणवत्ता वाले वज्ञिापन के अधीन हैं - हर दनि. आप उस चेहरे को पूरी तरह से क्रूर प्रतयोगति से अपने खुद के वज्ञिापन डजिाइन न्यायाधीश. आपके वज्ञिापन शीर्ष पर बाहर आना चाहिए. व्यावसायकि वज्ञिापन परणिाम हो रही है, और एक छोटे से अलग होने के बारे में है नशि्चति सूत्र का हसि्सा है.

क्या तुम सच में 17 कतिने ग्राहकों की आवश्यकता है?
इस सवाल हम से आ रही अजीब लग सकता है, लेकनि हम गंभीर हैं. यह अपने वज्ञिापन डॉलर बढ़ाने के बारे में है. आप वास्तव में हर साल मजबूत बढ़ती अपने व्यापार रखने के लिए हर कोई, या अभी काफी लोगों तक पहुँचने की जरूरत है?
वज्ञिापन डजिाइन एजेंसयिों पर, यह अक्सर सबसे अच्छा काम काटने कमरे में फर्श पर समाप्त होता है कि कहा जाता है. व्यवसायों अक्सर अपने वज्ञिापनों रूढ़िवादी पक्ष पर होना चाहते हैं. बहुत जोर नहीं, बहुत जोखमि भरा नहीं. जोर से, ध्यान रहे वज्ञिापनों में कटौती कर रहे हैं. लेकनि इस फैसले के साथ कएि गए एक tradeoff है.

18 कंजर्वेटवि वज्ञिापनों ध्यान नहीं मलिता. वे रूढ़िवादी हैं. वे लंबे समय में, अपने व्यापार अत्यधकि पेशेवर और पारंपरकि देखो कर देगा. लेकनि वज्ञिापन डजिाइन की रूढ़िवादी रणनीति आप चुन सकते हैं सबसे महंगे पथ के बारे में है.
आप वास्तव में के रूप में रूढ़िवादी के बारे में सोचा जा की जरूरत है? यहां तक कि आईबीएम अब पोशाक डाउन

शुक्रवार है. डेल कंप्यूटर एक जोर कशिोर प्रवक्ता का उपयोग करता है. मेरलि लचि एक चीन की दुकान में एक बैल का उपयोग करता है. आप एक बैंक, एक अस्पताल, एक गैर लाभ, या एक अंतमि संस्कार घर हैं तो हो सकता है, [शायद],, रूढ़िवादी वज्ञिापन डजिाइन रास्ता तय करना है. लेकनि रूढ़िवादी वज्ञिापनों ध्यान नहीं मलिता.

और तुम ध्यान की जरूरत है.

हम यहां जोखमि भरा वज्ञिापन डजिाइन की पुष्टि नहीं कर रहे हैं. लेकनि खुद से पूछते हैं, मैं कैसे कई ग्राहकों की जरूरत है? मेरी जोर से खुश मजेदार सेक्सी-अजीब उज्ज्वल अजीब के आकार का बैंगनी और गुलाबी वज्ञिापन वहाँ से बाहर लोगों में से आधे का ध्यान जाता है, तो हो सकता है कि मैं सभी की जरूरत है. आप अपने वज्ञिापन डजिाइन के साथ पीछे रूढ़िवादी लोगों में से कुछ को छोड़ दें, तो यह ठीक है.
अपने वज्ञिापन डजिाइन के साथ ध्यान हो रही करके, आप अपने वज्ञिापन डॉलर को अधकितम जाएगा. कंजर्वेटवि वज्ञिापन बहुत, बहुत महंगा है. पागल हो जाना, और हमेशा मन में अपने लक्ष्य बाजार रखना, लेकनि अपने वज्ञिापन डजिाइन के साथ ध्यान आकर्षति करने के लिए मत खींचो. एस टी आर ई टी सी एच ध्यान पाने के लिए!

19 वज्ञिापन डजिाइन: तस्वीरों का इस्तेमाल कर एवं चत्रि
यह एक भी आसान है. सबसे अच्छा, सबसे उपयुक्त तस्वीर या उपलब्ध चत्रिण के लिए भुगतान करते हैं. यह खरीदें, यह ही है, यह रखने के लिए, और हमेशा के लिए इसका इस्तेमाल करते हैं. शायद यह $ 100, या भी 300 डॉलर की लागत. यह हो सकता है.
आप के लिए उपलब्ध शानदार तस्वीरों की एक अंतहीन आपूर्ति है. आपके व्यापार के लिए बाहर वहाँ एक सही तस्वीर नहीं है. डेटाबेस सुपर उच्च गुणवत्ता तस्वीरें और चत्रि के लाखों लोगों के दसयिों है. अपने संदेश बता देते हैं कि सिही लगता है, और आप एक अत्यधकि प्रभावी वज्ञिापन के लिए आधे रास्ते हैं.
आप एक गरीब तस्वीर का उपयोग अगर वैकल्पकि रूप से, आप सरि्फ आधे में अपने वज्ञिापन डजिाइन की प्रभावशीलता को काट दयिा है. याद रखें, वज्ञिापन डजिाइन उत्पादन पर कोनों में कटौती है कि कंपनयिां अपने वज्ञिापन बजट का एक बड़ा प्रतशित बर्बाद कर रहे हैं. सामने उच्च गुणवत्ता के उत्पादन के लिए भुगतान करते हैं, और हमेशा के लिए इसका इस्तेमाल करते हैं. उत्पादन की लागत मीडयिा की लागत की तुलना में छोटी है. अच्छा वज्ञिापन डजिाइन पर skimping द्वारा अपने पैसे बर्बाद मत करो.
और नश्चिति रूप से आप चुन मीडयिा में फोटो प्रजनन गुणवत्ता का सवाल ही नहीं है. हर अखबार प्रेस के एक अलग प्रकार पर मुद्रति कयिा जाता है. हर एक प्रेस अलग है, और हर प्रटिर अलग है. यह प्रयोग कयिा जा रहा है कि विशिष्टि प्रेस से अच्छी गुणवत्ता फोटो प्रजनन पाने के लिए पता करने के लिए अपने डजिाइनर का काम है. आप अपनी तस्वीरों को अखबार में कीचड़ की तरह देखना नहीं चाहता.

20 वज्ञिापन डजिाइन: वज्ञिापन में रंग का मनोवज्ञिान

अपने ग्राहकों को अपने वज्ञिापन में रंग व्याख्या कैसे को समझना बहुत महत्वपूर्ण हो सकता है. सबसे पहले, वभिन्नि संस्कृतयिों अलग अलग तरीकों से रंगों की व्याख्या. पीला फ्रांस में ईर्ष्या, ग्रीस में उदासी, संयुक्त राज्य अमेरकिा में खुशी का प्रतनिधित्वि करता है, और चीन में पवत्रि है. नैतकि, ज़ाहरि है, अपने लक्षति दर्शकों को पता है.

लाल वज्ञिापन डजिाइन में उत्तेजना के लएि है. यह आमतौर पर ऑटोमोबाइल और खाद्य वज्ञिापन के लएि प्रयोग कयिा जाता है. लाल जुनून और सेक्स, खतरे, वेग, और शक्ता है.

पीला वज्ञिापन डजिाइन में एक महान ध्यान धरनेवाला है. यह धूप, गर्मी, और खुशी है. यह पहला रंग अपनी आंख प्रक्रयिाओं है.

ब्लू वश्विसनीयता, वश्विास, सुरक्षा, और प्रौद्योगकिी का प्रतनिधित्वि करता है. व्यवसायों अक्सर अपने वज्ञिापन में नीले, हरे, चैती, या ग्रे उपयोग यही कारण है. ब्लू भी ठंडक और संबंधति है.

काले परष्किार और शक्ता का प्रतनिधित्वि करता है. यह सुंदर और आकर्षक है. सही उत्पाद के लएि, काला एक महान रंग है.

ग्रीन एक शांत, ताजा रंग है. यह प्रकृता और वसंत का मौसम है.

बैंगनी रॉयल्टी है. यह गरमिामय और परष्कृत कयिा जाता है.

गुलाबी नरम और स्त्री है. यह सुरक्षा और मठिास है.

व्हाइट (सफेद) वज्ञिापन डजिाइन में स्वच्छता और पवत्रिता के लएि है. यह युवा है. लेकनि यह है कयिह युवा लोगों के लएि है मतलब नहीं है. युवा लोगों को [कशोिरों और बीच] चमकीला गुलाबी और चैती की तरह अधकि आधुनकि रंग, पसंद करते हैं.

वज्ञिापन डजिाइन में वचिार करने के लएि सफेद स्थान भी है. सफेद अंतरक्षि के बनिा, आप पाठ नहीं पढ़ सकते हैं. तस्वीरें उनके प्रभाव को खो देते हैं, और वज्ञिापन संतुलन खो देता है. व्हाइट अंतरक्षि अपने वज्ञिापन डजिाइन का सबसे महत्वपूर्ण घटक हो सकता है.

सोना महंगा है और उच्च वर्ग है.

ऑरेंज चंचल है. यह शरद ऋतु पत्ते, गर्मी और जीवंतता है.

रजत प्रतष्ठिति है. यह ठंड और वज्ञिान का प्रतनिधित्वि करता है.

हर मौसम 'अपने स्वयं के रंग, और फैशन परवर्तिन [हर कुछ मनिट] है कमित भूलना. आप अपने वज्ञिापन डजिाइन के साथ फैशनेबल बनने की कोशशि कर रहे हैं, तो आप के रुझान के साथ रखने के लएि है.

इस सब के लएि महत्वपूर्ण है? वज्ञिापन डजिाइन में सब कुछ महत्वपूर्ण है.

रंग सही ढंग से इस्तेमाल कयिा जाता है, तो यह आपके संदेश का प्रभाव और स्पष्टता कहते हैं. रंग गलत तरीके

से इस्तेमाल किया जाता है, यह अपने संदेश समझौता और अपने लक्षित दर्शकों को भ्रमित कर सकते हैं. रंग, ध्यान आकर्षित आंख नेतृत्व, और जोर जोड़ सकते हैं. यह निरंतरता और संबद्धता को दिखाने के लिए इस्तेमाल किया जा सकता है, या यह अंतर कर सकते हैं. रंग निश्चित रूप से भावनाओं और संघों उत्पन्न करता है. रंग लोगों के लिए अर्थ है, और तुम अपने रंग अपने ग्राहकों के लिए सही बात कहना है कि यह सुनिश्चित करना चाहिए. गरीब विज्ञापन डिजाइन अपने विपणन अभियान को नष्ट मत करो.

यहाँ एक त्वरित उदाहरण है. वित्त में, रंग लाल हानि का मतलब है. इंजीनियरिंग में, यह गर्म या खतरे का मतलब है. चिकित्सा के क्षेत्र में, यह खतरे या आपात स्थिति या स्वास्थ्य का मतलब है. आप गलत रंग का उपयोग करके गलत संदेश भेज नहीं है कि यह सुनिश्चित करना चाहते हैं. एक उच्च गुणवत्ता वाले ग्राफिक डिजाइनर फर्क पता चल जाएगा.

विज्ञापन डिजाइन: डिजाइन के तत्वों

विज्ञापन डिजाइन के तत्वों के एक विज्ञापन है कि ग्राफिक डिजाइनर योजनाओं के घटक हैं. निम्न सूची बेहतर आप ग्राफिक कलाकार के बारे में बात कर रहा है समझने में मदद मिलेगी.

रंग - रंग तीव्रता और चमक के संदर्भ में माना जाता है. ऊपर देखा, रंग आपके विज्ञापन डिजाइन में उपयोग किया जाता है कि यह कैसे अपने ग्राहकों से व्याख्या की है पर एक बड़ा प्रभाव हो सकता है.

मूल्य - मूल्य एक रंग की चमक या अंधेरे का वर्णन है.

रेखा - दो अंक जोड़ने एक निरंतर निशान - ए लाइन आपको लगता है कि वास्तव में क्या है.

आकार - आकार आयामी, या फ्लैट दो हैं. एक आकार ऊंचाई है और केवल विज्ञापन डिजाइन में चौड़ाई.

प्रपत्र - प्रपत्र तीन आयामी हैं - ऊंचाई, चौड़ाई, और गहराई. आप फॉर्म में मात्रा और द्रव्यमान मिलता है.

बनावट - बुनावट एक वस्तु की सतह का वर्णन है. कलाकार यह स्पर्श करने के लिए कैसा महसूस होगा की एक विचार देने के लिए वस्तु प्रदान करता है.

अंतरिक्ष - विज्ञापन डिजाइन में, अंतरिक्ष के बीच और वस्तुओं के आसपास दूरी का वर्णन है.

शेष - शेष अपने विज्ञापन में वस्तुओं की समानता का वर्णन है. सममित संतुलन के साथ, अपने विज्ञापन के दोनों ओर एक ही हैं. विषम संतुलन के साथ, हर तरफ अलग लेकिन बराबर है. रेडियल संतुलन विज्ञापन एक केंद्र बिंदु के आसपास संतुलित है इसका मतलब है.

कंट्रास्ट - कंट्रास्ट वस्तुओं के बीच अंतर की डिग्री का वर्णन है. यह ध्यान जाता है और उत्तेजना कहते हैं.

जोर - जोर और इसके विपरीत वास्तव में विज्ञापन डिजाइन में एक ही बात कर रहे हैं. कलाकार यह विज्ञापन के अन्य भागों के साथ इसके विपरीत बनाकर अपने विज्ञापन में एक केन्द्र या जोर बिंदु बनाता है.

अनुपात - समानुपात अपने विज्ञापन के व्यक्तिगत तत्व एक दूसरे के लिए और पूरे टुकड़ा से संबंधित कैसे करें.

पैटर्न - किसी बात पर फिर से दोहराया - एक पैटर्न आपको लगता है कि वास्तव में क्या है.

लय - ताल अपने विज्ञापन आंदोलन या कार्रवाई की भावना डिजाइन देता है. कलाकार वस्तुओं स्थानों या

आंख एक पथ का अनुसरण इतना है कि पैटर्न बनाता है. आप पाठक कार्रवाई के लिए [आपका फोन नंबर पर जैसे] आपके फोन पर खत्म करना चाहते हैं क्योंकि आंख विज्ञापन में इस प्रकार पथ, बहुत महत्वपूर्ण है. पाठक की आंख विज्ञापन में गलत जगह पर बंद हो जाता है, तत्काल कार्रवाई के लिए आपके फोन बहुत जल्दी, या बिल्कुल नहीं देखा जा सकता है.

एकता - पूरे विज्ञापन एक पूर्ण इकाई के रूप में एक साथ कैसे काम करता है एकता का वर्णन है.

किस्म - किस्म के काम की जटलिता का वर्णन है. विज्ञापन, विशेष रूप से प्रत्यक्ष मेल में, विभिन्नि प्रकार की एक बड़ी राशि पाठक लगे और टुकड़ा के साथ शामलि रहता है. अब पाठक लगे हुए है, बेहतर अपने संदेश पहुंचाने के हालात हैं. वे शामलि पाठक रख - कि कुछ विज्ञापनों बल्कि व्यस्त हैं इसलिए.

आईसीए और HW 2

नम्निलखिति निबंध में सवालों के जवाब

क्यों अपने विज्ञापन के लिए हो रही है 1 विज्ञापन में महत्वपूर्ण देखा?

2 क्यों रंग विज्ञापन में महत्वपूर्ण हैं?

3 क्यों विज्ञापन में महत्वपूर्ण डिजाइन विज्ञापन है?

4 क्यों विज्ञापन में महत्वपूर्ण रिक्ति है?

इस पाठ के लिए अतिरिक्ति इंटरनेट संसाधन:

जनरल संसाधन

http://www.askmrmovies.com

एक सितारा (1954) इस जेनेट Gaynor फिल्म "खोज" पाने के लिए पर एक क्लासकि है जन्मे है

विज्ञापन डिजाइन

विज्ञापन-design.htm है www.wisegeek.com/what-

वज्ञिापन में रंग

library.thinkquest.org
सबक तीन को पहचान

अब हम डेविड ओगल्विी और क्लासकि वज्ञिापन पर अपनी बेहद नजिी ले की सनकी दुनयिा में प्रवेश. श्री ओगल्विी वज्ञिापन का उद्देश्य, वज्ञिापन के तत्वों, और इन तत्वों का उद्देश्य परख होती है. जब तक पाठ 2 के रूप में था, यह सबक ओगल्विी वह अपने incisiveness में गहरा नहीं है इसका मतलब यह नहीं संक्षप्ति है, सरि्फ इसलएि कि अत्यंत कम है और फरि भी सबक 2 के दूसरे भाग पर हमला बोला जा सकता है. उसकी छोटी नर्दिेशों अपनी पूरी ध्यान से प्रत्येक को देने के लएि प्रयास करें; यदि आप क्या आप पुरस्कृत कयिा जाएगा.

पाठ 3 - वज्ञिापन के प्रयोजन

वज्ञिापन तत्वों तत्व प्रयोजन

1 शीर्षक ध्यान जाता है

2 वादे लाभ ब्याज बनाता है

3 चत्रि लाभ के परणािम ब्याज बनाता है

4 सबूत इच्छा बनाता है दखिाता है

5 differentiates इच्छा बनाता है

6 एक प्रस्ताव इच्छा बनाता है बनाता है

7 कॉल कार्रवाई कार्रवाई कारणों के लएि

अच्छी तरह से कयिा इन तत्वों के सभी के साथ एक पृष्ठ वेब वज्ञिापन का उदाहरण:

http://bellagenix.com

1 शीर्षक - 10 साल छोटी देखो! - 30 से अधकि लगभग हर महलिा से ध्यान जाता है

2 वादे लाभ - मजबूत और फर्म त्वचा, झुर्रियों को कम त्वचा स्पष्टता में सुधार! - 30 से अधकि लगभग हर महलिा में रुचि बिनाता है

3 चत्रि लाभ के परणिाम: - पहले और नाटकीय परणिाम के साथ तस्वीरों के बाद - 30 से अधकि लगभग हर महलिा में रुचि बिनाता है

डॉक्टर सफिारशि, प्रशंसापत्र - - 4 सबूत से पता चलता है 30 से अधकि लगभग हर महलिा में इच्छा पैदा

5 differentiates - महंगा वकिल्प के रूप में महँगी बोटोक्स उपचार चर्चा - 30 से अधकि लगभग हर महलिा में ज्यादा इच्छा पैदा

6 एक प्रस्ताव बनाता है - हाँ! मेरी बोतल आज भेजे! बटन पर क्लकि करें! - इस समय इच्छा से एक बुखार पचि पर है और लगभग 30 से अधकि हर औरत बटन प्रेस करने के लिए इंतजार नहीं कर सकता.

आदेश कूपन -Filling लड़ाई के लिए 7 कॉल - 30 दनि की आपूर्ति (एक डॉलर एक दनि से अधकि एक बटि) के लिए भारी कीमत के साथ पहली मुठभेड़. कुछ इच्छा क्योंकि भारी कीमत के यहाँ खो दयिा है, लेकनि 30 से अधकि महलिाओं के एक महत्वपूरण संख्या की परवाह कएि बनिा कीमत के इस उत्पाद आदेश देगा. - आगे बढ़ने के लिए और क्रेडटि कार्ड के बलि भेजा कारण बनता है.

Bellagenix लिए एक और $ 35. वे इसे सही कयिा. वे बहुत सारा पैसा बनाना होगा. अपने वज्ञिापन के इस रूप के रूप में अच्छा हो सकता है? यह वज्ञिापन कई उत्पादों के लिए कॉपी करने के लिए एक ठीक मॉडल है. लेकनि वास्तवकि चत्रि या पाठ की प्रतलिपि निहीं है; सर्फि वज्ञिापन में वज्ञिापन के तत्वों की नकल!

ओगल्विी से लोकप्रयि समन्वय से युक्त:

1 लोगों को मज़ा नहीं कर रहे हैं, वे आम तौर पर अच्छा काम का उत्पादन नहीं कर रहे हैं

वे एक छोटे से शराब आत्मसात जब 2 लोगों को और अधकि उत्पादक हैं

3 वेतन लोग मूंगफली और आप मलि जाएगा बंदरों

सभी वज्ञिापन की 4, 99% कसिी को कुछ भी बेच नहीं करता

5 एक कुत्ता रखने के लिए और अपने आप को छाल मत

आप से बेहतर हैं जो 6 भाड़े लोग

7 तुम एक खाली चर्च में आत्माओं को नहीं बचा सकते हैं

8 चोट मत करो; पार्क के बाहर एक हटि करने की कोशशि

9 कूपन एक पेज के नीचे सही पर होना चाहिए (यह गलत साबित हो गया है) - हार्वर्ड बिजिनेस स्कूल और पेन पर व्हार्टन स्कूल ऑफ बिजिनेस विज्ञापन उदाहरण ऊपर अपने विज्ञापन शीर्ष अधिकार है) शीर्ष केंद्र सुझाव है, तो हम एक देख सकते हैं खूबसूरत त्वचा के साथ एक महिला की पूरी तस्वीर. कि बिकाया फोटो के साथ हस्तक्षेप करेगा शीर्ष केंद्र में कूपन के लिए है. तो, शीर्ष सही या अपने फोटो के आकार के अनुसार शीर्ष केंद्र का उपयोग करें.

10 मौखिक रूप से, सबसे अच्छा परिणाम के बारे में 200 शब्दों में एक मिनट में प्राप्त कर रहे हैं. (यह भी ऊपर ही दो एमबीए प्रोग्राम द्वारा खंडन किया गया है. एक मिनट उनके शोध के अनुसार इष्टतम किया जा रहा है 100 शब्दों.)

आईसीए और HW 3

निम्नलिखित निबंध उत्तर

1 उन तत्वों के विभिन्न विज्ञापन तत्वों और उद्देश्यों पर चर्चा

2 ओगिल्वी आप एक खाली चर्च में आत्माओं को बचाने के लिए नहीं कर सकते हैं कहने का क्या मतलब है?

ओगिल्वी अपने आप को एक कुत्ता रखने और छाल नहीं है कह कर क्या 3 मतलब है?

4 ओगिल्वी वेतन लोग मूंगफली कहने का क्या मतलब है और आप बंदरों मिलेगा?

5 ओगिल्वी लोग मजाक नहीं कर रहे हैं, वे आम तौर पर अच्छा काम का उत्पादन नहीं कर रहे हैं कहने का क्या मतलब है?

इस पाठ के लिए अतिरिक्त इंटरनेट संसाधन:

जनरल संसाधन
http://www.askmrmovies.com

साइंटोलॉजी (2012) - यह डरावना जॉन फिलिप सेमुर Tour-de-बल प्रदर्शन मीडिया चालाकी से किया जा

सकता है देखने के लिए कैसे अच्छी तरह से देखने लायक है.

वाग डॉग (1997) - हॉफमैन और DeNiro साथ मीडिया में गड़बड़ी पर एक और अच्छी फल्मि.

वज्ञिापन के उद्देश्यों

advertising.blurtit.com/q863338.html

वज्ञिापन के परास्नातक

www.mastersinadvertising.org/7-मथिकों व तथ्यों के बारे में एक कार

चार सबक को पहचान

मैडसिन एवेन्यू के इतहिास में सबसे सफल वज्ञिापन एजेंसयिों में से एक के प्रबंधक के रूप में, ओगल्विी अपनी एजेंसी का प्रबंधन करने के बारे में नम्निलखिति पाठ योजना की रूपरेखा पर सुझाव देने के लिए योग्य से अधकि है. आप हर सुझाव का पालन की जरूरत नहीं है, लेकनि आप इन समय परीक्षण सद्धिांतों के बहुमत का पालन करते हुए नश्चिति रूप से लाभ होगा.

अध्याय 4 - एक वज्ञिापन एजेंसी का प्रबंधन कैसे करें

ओगल्विी द्वारा समन्वय से युक्त:

1. लोगों में काम करने के लिए एक सुखद वातावरण बनाते हैं जितना संभव नौकरशाही को खत्म करने और नेटवर्क तंग रखने के लिए प्रयास करें.

2 मनुष्य के रूप में मातहत समझो; वे पर या काम बंद कठिनाई के किसी भी प्रकार का सामना जब उन्हें मदद करते हैं.

3 अधिकतम करने के लिए अपने संगठन में हर कार्यकर्ता की प्रतिभा का विकास करना. विफलता और विकास के लिए अनुमति दें.

4 ऊपर से नीचे प्रबंधन बचने की कोशिश करें. समूह निर्णयों लगभग हमेशा बेहतर से एक व्यक्ति की लोन परिप्रेक्ष्य हैं.

5 कोमल शिष्टाचार और सभ्यता का एक डिग्री है. , जोर से घमंडी या अप्रिय होने के लिए नहीं की कोशिश करें.

6 ग्राहकों के साथ और सहकर्मियों के साथ संभव के रूप में ईमानदार रहो.

7 कठिन काम है, उद्देश्य और पूरी तरह से होना.

8 से बचें कार्यालय राजनीति, toadism, बदमाशी, गर्वित व्यवहार और बेरहमी

9 चरित्र पदोन्नति के लिए मायने रखती है.

एक ग्राहक के लिए एक बिक्री अभियान की सिफारिश जब यह अपना खुद का व्यवसाय के रूप में अगर 10, कार्य

11 रचनात्मक हो. अन्य सफल विज्ञापन अभियानों की नकल करने की कोशिश नहीं की. वे अन्य विज्ञापन अभियानों को कॉपी नहीं किया, क्योंकि वे अभियान सफल हो गया.

12 अपने ग्राहक पैसा खर्च किया जाना चाहिए पर आप के साथ सहमत नहीं करने का अधिकार की अनुमति दें

13 कंपनी या कॉर्पोरेट संस्कृति व्यवहार प्रत्येक देश में एक ही होना चाहिए

आप बेच रहे हैं, जिसमें 14 देश की संस्कृति के बारे में पता

15 विज्ञापन अभियानों के साथ विचारशील रहो और कंपनी को पूरा श्रेय देते हैं; नहीं विज्ञापन अभियान

16 जितना संभव शैक्षिक शब्दजाल से बचें; सरल भाषा में बातें रखना

17 उपभोक्ता की खुफिया अपमान मत करो

18 विज्ञापन के अन्य क्षेत्रों में delving से पहले उत्तर प्रत्यक्ष विज्ञापन जानें

एक विज्ञापन प्रलोभन के रूप में 19 काटना कीमतें हमेशा एक अंतिम उपाय होना चाहिए

20 ब्रांड मज़ा लेते हैं और जल्दी सुधार भूल जाते हैं

आईसीए और HW 4

नमि्नलखिति नबिंध उत्तर:

Olgivy ब्रांडों के बारे में क्या कहना है 1.?

सीधी प्रतक्रियिा वज्ञिापन सीखने की कला 2.कैसे महत्वपूरण है

3 क्यों रचनात्मकता वज्ञिापन में इतना महत्वपूरण है?

यह आप कंपनी के मालकि के रूप में अगर 4 क्यों आप अपने ग्राहक व्यवहार करना चाहएि?

5 क्यों ईमानदारी कार्यालय में और ग्राहकों के साथ दोनों सर्वोत्तम नीतिहै?

इस पाठ के लएि अतरिक्ति इंटरनेट संसाधन:

जनरल संसाधन

http://www.askmrmovies.com

Hucksters (1947) मकान का कोना फलि्म वज्ञिापनों में ईमानदारी के बारे में हाजरि हटि

ब्रांडगि

marketing.about.com

वज्ञिापन में रचनात्मकता

muse.jhu.edu/journals/asr/v008/8.4unit15.html

सबक पांच को पहचान

ओगल्विी डायरेक्ट मेल की कला का एक वशिेष सराहना की थी. उन्होंने दृढ़ता से डायरेक्ट मेल में वज्ञिापन लोगों को अच्छा डायरेक्ट मेल copywriting के बुनयिादी सद्धिांतों का उपयोग वज्ञिापन के कारोबार में सबसे अच्छा लेखकों और उसके कई सफल अभयिान पर और फरि से अपनी बात साबति कर रहे थे कि माना जाता है. अपने खुद के जोखमि पर ब्लेयर Entenmann ने सुझाव दयिा है ज्ञान के इन सोने की डली पर ध्यान न दें. आप आसानी से और साथ ही ईमेल करने के लिए प्रत्यक्ष मेल के इन सद्धिांतों को परविर्तति कर सकते हैं.

अध्याय 5 - ग्राहकों को पाने के लिए कैसे - डायरेक्ट मेल

लक्षति प्रत्यक्ष मेल वज्ञिापन के सद्धिांतों
ब्लेयर Entenmann, वपिणन सहायता के राष्ट्रपति द्वारा!

वज्ञिापन का काम करता है. यह एक बेहतर, अधकि उत्पादक वक्रिय वातावरण बनाता है, लेकनि ठीक से कयिा, पूछताछ और बक्रिी उत्पन्न कर सकते हैं न केवल! आप अपने आदर्श ग्राहक की पहचान कर सकते हैं, तो आप लक्षति प्रत्यक्ष मेल का उपयोग करना चाहिए. आप सीधे मेल पर मेहनत की कमाई डॉलर खर्च करते हैं, तो आप यह नहीं देखा भूल जाना चाहता हूँ. प्रत्यक्ष मेल के लिए उद्देश्य, मुझे खोलें मुझे पढ़ें, आज मुझे फोन है! नम्नलिखिति सद्धिांतों अपने सीधे मेल और अधकि उत्पादक बनाने और असाधारण परणिाम प्रदान कर सकते हैं!

आवृत्ति के साथ सही संभावना को 1. मेल. प्रत्यक्ष मेल की सफलता का दो तहिाई मेलगि सूची में है - बेहतर सूची, बेहतर परणिाम. ढूँढने या अपने उत्पाद या सेवा में रुचि होगी जो संभावनाओं की एक मेलगि सूची के नरि्माण में समय और पैसा नवेिश. एक दो या तीन भाग सीधे मेल अभयिान पर वचिार करें. वे कोई दलिचस्पी नहीं कर रहे हैं आज, लेकनि अगले महीने वे हो सकता है - समय एक महत्वपूर्ण सफलता कारक हो सकता है. दोहराव एक बेहतर प्रतक्रियिा उत्पन्न होगा. एक सामान्य नयिम यह एक संदग्धि खरीदता पहले 6-9 वज्ञिापन या बक्रिी संपर्क लेता है.

2 इसे बाहर खड़े. आपको लगता है कि आपके उत्पाद या सेवा के लिए कुछ कड़ी है ध्यान रहे, मजेदार और रचनात्मक डिवाइस क्या उपयोग कर सकते हैं? इस तरह के एक बड़े वर्ग लफिफा, एक चमकीले पीले लफिाफे, या त्रकिोणीय मेलगि ट्यूब के रूप में प्रतयिोगी के डाक, की तुलना में आकार, आकृति और रंग में अलग अलग हो. अपना संदेश देने के लिए पोस्टकार्ड, ग्रीटगि कार्ड, या भी Frisbees का प्रयोग करें. क्या ध्यान रहे शब्द अपने संभावति ग्राहकों के लिए सबसे अच्छा काम करते हो? नि: शब्द की तरह, नई, अब, नर्णिायक, अंत में, और सीमति समय के लिए एक सकारात्मक प्रतक्रियिा पैदा कर सकते हैं कि शक्तिशाली, जादुई शब्द हैं. एक अच्छा रचनात्मक अवधारणा, संयुक्त ध्यान रहे ग्राफक्सि और कॉपी अपने सीधे मेल ध्यान देने योग्य बनाना होगा.

3 यह रोचक बना. अपने ग्राहकों को बस से मना नहीं कर सकते हैं कि एक प्रस्ताव इतना अच्छा बनाओ. वे चाहते हैं और उनके लिए यह क्या पेशकश बाहर का पता लगाएं. ऐसी "को रोकने के अपने क़ीमती सामान के चोरी" या के रूप में सुर्खियों के लिए लाभ उन्मुख ग्राहक वादों का प्रयोग करें "गुणवत्ता घटकों के साथ अपने वारंटी लागत कम!" Theprospect स्पष्ट, संक्षप्ति वाक्य में जानना चाहता है के बारे में क्या प्रतलिपि बिच लखिें. एक महान ववरिणकि के लिए एक शक्तशिाली कवर पत्र जोड़ना अपनी प्रतक्रियिा बढ़ा सकते हैं. एक पत्र आप अपने उत्पाद या सेवा में शामलि संभावना पता चलता है और एक प्रमुख प्रचारक प्रस्ताव को अनुकूलति या प्राप्त करने के लिए अनुमति दैता है. नजिीकृत लेजर पत्र (प्रयि ब्लेयर) प्रपत्र पत्र (प्रयि खलिाड़ी) की तुलना में अधकि प्रभावी हैं. नम्नलिखिति पैरा के लाभ को संक्षेप में प्रस्तुत करने के लिए पत्र के भीतर सुर्खियों का प्रयोग करें. आप संभावना जज्ञिासा बढ़ाने सकता है कि एक वज्ञिापन वशिेषता में शामलि कर सकते हैं?

4 टेस्ट, परीक्षण, परीक्षण. बेहतर प्रदर्शन देखने के लिए जो एक ही समय (यानी ए / बी टेस्ट) में दो अलग अलग अभयिानों या प्रचार चला. फरि अगले बड़ी वचिार के खलिाफ अपने संभावना सूची के अन्य आधे के साथ वजिेता चलाते हैं. ओवरटाइम आप अपने संभावति ग्राहकों / नए ग्राहकों को क्या चाहते हैं के आधार पर अपने परणिामों में सुधार होगा.

5 अब जवाब करने के लिए आसान बनाते हैं. तुम्हें पसंद है और उन्हें ऐसा करने में मदद मलिेगी प्रतक्रियिा के लिए कहें. आपके डायरेक्ट मेल टुकड़ा अपने वक्रिेता है और यह क्रम के लिए पूछना चाहिए! बक्रिी पत्र में, एक पी.एस. उपयोग कार्रवाई करने के लिए एक मजबूत कॉल करने के लिए. एक एक कदम प्रक्रयिा प्रदान करता है कि एक व्यवसाय उत्तर कार्ड, 800 नंबर, फैक्स नंबर, या वेब साइट का उपयोग करें. (आप अब अभनिय अगर यानी मुफ्त उपहार या वशिेष ध्यान) एक वांछति प्रतक्रियिा के लिए प्रोत्साहन दे. आप ग्राहकों से प्रतक्रियिा करने के लिए कई तरीके दे तो आपकी प्रतक्रियिा की दर अधकि हो जाएगा.

6 अपने परणिामों को ट्रैक. आप क्या काम करता है और क्या नहीं नर्धिारति कर सकते हैं तो एक ट्रैकगि प्रणाली बनाएँ. प्रस्ताव / अनुमान / नयिुक्ति और बक्रिी के आधार मूल्य प्रति प्रति एक जांच के अनुसार

लागत, लागत पर अपने परिणामों का विश्लेषण करें. कभी कभी एक कम प्रतिक्रिया को बढ़ावा देने के प्रस्ताव से यह एक उच्च प्रतिक्रिया, कम बिक्री रूपांतरण पदोन्नति के प्रस्ताव की तुलना में एक अधिक लाभदायक बिक्री कर, आकाश उच्च बिक्री रूपांतरण है.

आईसीए और HW 5

निम्नलिखित निबंध उत्तर

1 क्यों आप एक मेलिंग सूची बनाना चाहिए?
क्यों आप ध्यान से अपनी बिक्री परिणाम आपको एक नया विज्ञापन चलाने के लिए हर समय ट्रैक करना चाहिए 2?
3 क्यों आप लगातार अपने विज्ञापन अभियान का परीक्षण करना चाहिए?
4 प्रत्यक्ष मेल के फायदे और नुकसान क्या हैं?

इस पाठ के लिए अतिरिक्त इंटरनेट संसाधन:

जनरल संसाधन

http://www.askmrmovies.com

प्रभावी ईमेल अभियानों देने के लिए कैसे पर नीचे दिए गए लिंक का उपयोग करें

http://unbounce.com/email-marketing/the-6 सूत्रीय गाइड करने वाली एक-अथक-ईमेल चढ़ाने-campaign/

डायरेक्ट मेल विज्ञापन

www.alladvertisingagencies.com

डायरेक्ट मेल रस्पिांस

www.dmnews.com

सबक सात को पहचान

ओगल्विी अंडे खाना बनाना और लोगों को हर पकवान का आनंद है करने के लिए एक से अधिक तरह पता था कि वहाँ; परवाह किए बिना कैसे आप उन्हें पकाया. बात अच्छी तरह से उन्हें तैयार करने के लिए किया गया था. वह मैडिसन एवेन्यू पर एक विज्ञापन आदमी बन गया, तो वह अलग अलग तरीकों से बर्तन या विज्ञापन अभियान तैयार करने के बारे में थोड़ा सा पता था कि इससे पहले कि ओगल्विी, ज़ाहिर है, एक विश्व स्तर के महाराज था. यह सबक योजना रूपरेखा सफलता के लिए अपने व्यंजनों में से कुछ पर लग रहा है.

पाठ 6 - ग्राहक भर्ती के तरीके

ए डायरेक्ट मेल के रूप में पिछले सबक में समझाया
सीधे ग्राहकों के साथ बातचीत कर जब बी, मात्रा से अधिक गुणवत्ता पर जोर. बेहतर छह साधारण लोगों की तुलना में एक खाते पर एक अच्छा copywriter है.
सी या तो एक ग्राहक के दृष्टिकोण से या एजेंसी की दृष्टि से रचनात्मकता की शक्ति को कम न करें.
डी रचनात्मक ऊर्जा विज्ञापन प्रक्रिया में एक और महत्वपूर्ण चर रहा है. आप विचार सफल देखने के लिए रचनात्मक ऊर्जा है जब तक केवल एक अच्छा विचार करने का काम किया नहीं मिलता है.
जैसे ई एक साधारण प्रस्ताव "हमारे अभियान अपनी बिक्री में वृद्धि नहीं करता है, तो आप भुगतान नहीं करना होगा" अपने बेस के लिए नए ग्राहकों को भर्ती करने के लिए एक लंबा रास्ता जाता है.
आप बिना किसी कठिनाई के निम्नि कर सकते हैं कि एफ दिखाएँ संभावित ग्राहकों: ग्राहक के लिए समस्याओं और अवसरों को परिभाषित,, मध्यम श्रेणी का परिणाम (आम तौर पर बिक्री) के साथ ग्राहक, अधिकारियों के बड़े समूहों का नेतृत्व करने में सक्षम हो के लिए छोटी और लंबी दूरी के लक्ष्य की स्थापना समितियों को स्पष्ट अर्थ का प्रस्तुतीकरण करना, और एक ग्राहक के बजट के दायरे में काम करने में सक्षम हो.
जी वर्तमान में 10,000 से अधिक विज्ञापन एजेंसियों रहे हैं; कैसे आप दूसरों से अपने आप को अलग होगा?
एच समाचार एजेंसियों, टीवी स्टेशनों, रेडियो स्टेशनों और आप सोच सकते हैं कि हर मीडिया के साथ संपर्क और मित्र बनाओ. दोपहर का भोजन करने के लिए उन्हें बाहर ले जाओ और उन्हें अपनी एजेंसी और यह ऑफर सेवाओं के बारे में पता है.
आप अधिक पैसे बनाने के रूप में मैं, यह आप अपने ग्राहकों को उन्नत करने के लिए शुरू सुझाव दिया है. अपने ग्राहकों को अपने अन्य ग्राहकों की स्थिति के परस्पर विरोधी जागरूक किया जाएगा. नीचे 3000 एजेंसियों एक ग्राहक के रूप में किसी को भी ले जाएगा, एजेंसियों के अगले स्तर के ग्राहकों के लिए न्यूनतम मानकों होगा, अंतिम 3000 केवल एजेंसियों के ग्राहकों के ऊपरी छोर संभाल, और शीर्ष 1000 एजेंसियों (और उम्मीद है कि

अपनी एजेंसी) संभाल लेंगे जाएगा सबसे ज़्यादा पैसा बनाने क किेवल कंपनयिों.

जे मुफ्त प्रस्तुतयिों वज्ञिापन व्यवसाय में सट्टा प्रस्तुतयिों के रूप में जाना जाता है. लेकनि एक सट्टा प्रस्तुत किे अलावा, एक "बक्रिी में वृद्धि होगी या वज्ञिापन अभयिान के लिए कोई शुल्क नहीं होगा" की पेशकश करनी चाहिए. आपको लगता है क लिगभग कुछ भी ग्राहक के लिए एक लाभ में परणिाम होगा ताक एिक ग्राहक की बक्रिी तीन महीने के लिए कसिी भी अभयिान के तहत ऊपर जा रहा है की बाधाओं, लगभग 81% है. बक्रिी में काफी वृद्धि कर रहे हैं हालांक,ि अगर यह अपने रचनात्मक वज्ञिापन अभयिान की वजह से हो सकता है.

लालकृष्ण ग्राहक और एजेंसी या सबसे अन्य अभयिानों की तुलना में अधकि कठनिाई नहीं होगी अभयिान के बीच एक असली रसायन शास्त्र हो गया है.

एल गहन अनुसंधान के कसिी भी वज्ञिापन अभयिान की सफलता के लिए बलि्कुल अनवािर्य है. हर एजेंट एक संभावति ग्राहक के साथ बैठक से पहले कयिा reseach तलब करने के लिए सक्षम होना चाहिए.

आईसीए और HW 6

नम्निलखिति नबिंध उत्तर:

1 क्यों वज्ञिापन में मात्रा से अधकि गुणवत्ता अधकि महत्वपूर्ण है?
2 क्यों रचनात्मकता वज्ञिापन में एक महत्वपूर्ण कारक है?
3 क्यों आप अपनी एजेंसी के लिए एक जगह बनाने के लिए प्रयास करना चाहिए?
4 तुम क्यों कभी कभी संभावति ग्राहकों को मुफ्त या सट्टा प्रस्तुतयिों देना चाहिए?
5 क्यों अनुसंधान अपनी प्रस्तुत कि सबसे जरूरी भागों में से एक है?

इस पाठ के लिए अतरिक्ति इंटरनेट संसाधन:

जनरल संसाधन

http://www.askmrmovies.com

प्रस्तुतियों के लिए इस संसाधन की जांच
http://www.cinemacon.com/

विज्ञापन में अनुसंधान के महत्व

http://en.wikipedia.org/wiki/Advertising_research

उत्कृष्ट प्रस्तुति देने के लिए कैसे

http://www.forbes.com/fdc/welcome_mjx.shtml
सबक सात को पहचान

हम विज्ञापन व्यवसाय में प्रवेश स्तर की नौकरियों की वास्तविकताओं में हमारे पैरों संयंत्र के लिए एक सबक के लिए ओगल्विी के आशावादी दुनिया छोड़ दें. एक अच्छा विज्ञापन एजेंसी में एक प्रवेश स्तर के काम में सफल होने के नाते एक वाहन के साथ एक करीबी फोन के लिए बिना फिफ्थ एवेन्यू जल्दी घंटे के दौरान पचास गुना पार करने जैसा है. आप न्यूयॉर्क के बाहर हैं बेशक, अगर, चीजें थोड़ी आसान कर रहे हैं. आप चीन में हैं, तो संभावना है कि आप अपने कार्यालय में ही एक के बारे में, या यहां तक कि पैशेवर विज्ञापन के बारे में कुछ जानता है, जो अपनी पूरी कंपनी में कर रहे हैं.

पाठ 7 - विज्ञापन में एंट्री स्तर की नौकरी की कठोर वास्तविकताओं

ए कुछ के लिए आप किराया करने के लिए दुनिया में किसी भी कंपनी के लिए केवल एक ही कारण है; कि कंपनी के लिए और अधिक पैसा बनाने के लिए किया जाएगा.
बी सामान्यतया, ज्यादातर कंपनियों को अपनी सफलता का एक संकेतक के रूप में बिक्री देखने; आप के लिए जिम्मेदार हैं और अधिक बिक्री, अधिक पैसे आप रोजगार के बाजार में किसी भी स्तर पर कर देगा.
सी बस सभी प्रवेश स्तर के कार्यकर्ताओं का 90% + तीन साल के भीतर अपने काम में असफल, सभी व्यवसायों के 90% तीन साल के भीतर असफल पसंद है. बस गणित है. सभी कंपनियों के 90% विफल, सभी बिक्री "पेशेवर" की तो 90% के रूप में अच्छी तरह से असफल होने चाहिए.

बक्रिरी में डी एक प्रवेश स्तर के कार्यकर्ता, समय पर, एक तत्काल सफलता हो सकती है. बक्रिरी में सफलता के लिए कोई समय सारणी नहीं है; सरि्फ बक्रिरी में वृद्धि हुई.
ई आप 100 घंटे एक सप्ताह में डालता है, जो कार्यालय में सबसे मुश्कलि कार्यकर्ता हो सकते हैं, ईमानदार, ईमानदार और वफादार एक ठीक है, ऊपरवाला परविार के आदमी है, और अपनी बक्रिरी संख्या बहुत ही कम समय में नहीं कर रहे हैं (आमतौर पर तीन महीने) , आप डब्बिाबंद कयिा जाएगा.
एफ आप हमेशा देर है, जो कार्यालय में laziest कार्यकर्ता हो सकता है, कार्यालय में हर औरत के साथ चारों ओर बीमार दनि के बहुत सारे, मूर्खों से दूर ले जाता है,,, बेईमान नष्ठिाहीन, बेवफा, एक झूठा, चोर और बगिाड़ने हो पर खेल खेलते हैं, अपनी कंप्यूटर पूरे दनि और अपनी बक्रिरी संख्या तक कर रहे हैं तो एक बड़ी बढ़ा और पदोन्नत जिल्दी काम छोड़कर अब भी मलिता है. अगली बार जब कसिी को मूर्ख वाक्यांश utters ई और एफ की तुलना करें "लेकनि यह उचति नहीं है!"
जी एक अच्छा वज्ञिापन वृद्धि की बक्रिरी की गारंटी नहीं है, लेकनि यह आप अधकि बक्रिरी हो रही पर सफल होने के लिए एक बेहतर अवसर देता है. जीवन में सबसे अधकि अन्य चीजों की तरह, एक व्यापार कैरयिर में कोई गारंटी रहे हैं. सामान्य शब्दों में, एक वज्ञिापन या प्रोमो यह बक्रिरी बढ़ जाती है तो ही अच्छा है.
नौकरी मलिने एच आप एक टीम के खलिाड़ी रहे हैं और कंपनी के लिए बक्रिरी बढ़ाने के लिए टीम के लिए एक परसिंपत्ति के लिए अपने आप को साबति करना चाहते हैं कि मानव संसाधन क्लर्क समझाने पर मुख्य रूप से नरि्भर है. , अपनी खुद की कंपनी से एक दनि के लिए सोच, व्यक्तगित उपलब्धयिों और गुणों, और इच्छा के नए तरीके को अपनी स्वतंत्रता पर बल देते, आप काम नहीं मलिेगा कि केवल बीमा होगा. इन इच्छाओं के सभी छुप और काम पर रखा जा रहा है की आपकी संभावना के लिए एक बहुत आगे जाना होगा कंपनी के लिए एक टीम के खलिाड़ी की जरूरतों के लिए उन्हें Sublimating.

आईसीए और HW 7

नम्निलखिति नबिंध उत्तर

1 इंसान कैसे ज्यादातर कंपनयिों के लिए समान हैं?
प्रवेश स्तर के बक्रिरी के लोगों को उनके नयिोक्ता द्वारा कैसे न्याय कर रहे हैं 2?
एक नया वक्रिेता अपने नए काम में सफल होने के लिए 3 कब तक यह आम तौर पर ले करता है?
अपनी बक्रिरी अभयिान के लिए एक अच्छा वज्ञिापन 4 कतिना महत्वपूर्ण है? और कैसे एक अच्छा

वज्ञिापन मापा जाता है?
5 क्यों यह आप महान व्यक्ति की उपलब्धियों के साथ एक स्वतंत्र वचिारक या व्यक्ति होने से अपनी प्रारंभकि साक्षात्कार में कतिना एक टीम के खलिाड़ी के दखिाने के लिए ज़्यादा महत्वपूर्ण है?

इस पाठ के लिए अतरिक्ति इंटरनेट संसाधन:

जनरल संसाधन

http://www.askmrmovies.com

वाणज्यिकि मैन (2001)

प्रवेश स्तर के वज्ञिापन नौकरयिां

http://advertising.about.com/od/careersource/a/adagencyjob.htm

वज्ञिापन के अधकिारयिों के लिए इनाम सस्टिम

http://www.google.com/patents/US20100161398

सबक आठ को पहचान

यहाँ डॉस और वज्ञिापन में सीढ़ी ऊपर बढ़ के don'ts से कुछ का वर्णन है कि एक और व्यावहारकि सबक योजना की रूपरेखा है. यह इस खंड के प्रत्येक भाग के लिए बहुत करीब ध्यान देना अपने समय के लायक हो सकता है. वज्ञिापन में कड़ी मेहनत करते हैं जो लोग अधकि राजस्व बनाने वाले लोगों के रूप में कंपनी के लिए

ज़्यादा के रूप में के लायक नहीं हैं; यह कि जैसे ही आसान है.

पाठ 8 - विज्ञापन में अगले स्तर के लिए सीढ़ी ऊपर जा

ए ठीक है, चलो आप अपने पहले तीन से छह महीने में भाग्यशाली कहने और अपनी टीम के लिए बिक्री में बढ़ती संख्या के ऊपर डाल दिया. मैं आप पहले से ही देखा गया है कि आपको बता जब मेरा विश्वास करो. तुम सच के साथ माना जा ताकत हैं, और अपनी बिक्री प्रबंधक आप काम संभाल सकते हैं सोचता है, तो आप काम पर के रूप में छोटा रूप में छह महीने में एक सहायक बिक्री प्रबंधक के पद की पेशकश की जा सकती है. यह अच्छी खबर है और बुरी खबर है.

बी अच्छी खबर है तुम एक शीर्षक, संभवतः अपने कार्यालय अंतरिक्ष, और थोड़ा और अधिक पैसा और शक्ति होगा.

सी बुरी खबर अपनी बिक्री प्रबंधक सबसे अधिक संभावना आपके विचारों, अभियान और बिक्री बढ़ जाती है के अधिकांश के लिए ऋण ले जा रही हो जाएगा. वह या वह क्षेत्रीय बिक्री प्रबंधक या एक बड़े क्षेत्र के प्रबंधक है जो सीढ़ी पर अगली पांत, के लिए शिकार हो जाएगा. आप बिक्री में वृद्धि हुई है कि मुख्य कारण हैं, भले ही क्षेत्रीय स्थिति के लिए एक प्रस्ताव नहीं हो रही है.

डी तुम सबसे अधिक संभावना है कि वह या वह एक बेहतर काम के लिए चारों ओर सूँघने है, जबकि बिक्री प्रबंधक के सभी काम कर रही हो जाएगा. हकीकत में, आप वास्तव में नई बिक्री प्रबंधक हो जाएगा. अब आप में शामिल हैं जो एक बिक्री प्रबंधक के कर्तव्यों के सभी करने के लिए जिम्मेदार होगा, लेकिन निम्न करने के लिए, सीमित नहीं हैं: 1 वर्तमान अप्रभावी बिक्री के लोगों फायरिंग, 2 नए बिक्री के लोगों को काम पर रखने, 3 बारीकी बिक्री संख्या की निगरानी अपने मौजूदा टीम के, 4 ऐसी फिल्म Glengary Glenross (askmrmovies.com पर समीक्षा देखें) "पहली जगह एक ब्रांड नई कार है में लोगों के रूप में नई बिक्री अभियान, बनाना, द्वितीय स्थान स्टेक चाकू और तीसरे स्थान का एक नया सेट है प्रतियोगिता के अपने निकाल दिया "इस प्रकार का आमतौर पर हर महीने की स्थापना की है. छह में से एक ठेठ बिक्री टीम सबसे कम दो कलाकारों लगभग निकाल दिया जाना निश्चित होने के साथ दो "पुरस्कार" के लिए प्रतिस्पर्धा कर सकते हैं. उनके ऊपर अगले दो सबसे अधिक संभावना है, जब अनुवाद, वे पहले या बिक्री में दूसरा या तो खत्म नहीं है अगर वे अगले महीने निकाल दिया जाएगा जिसका मतलब है कि एक महीने के लिए "परिवीक्षा" का एक प्रकार पर डाल दिया जाएगा.

पूरे बिक्री बल अपेक्षाकृत बिक्री संख्या में निकट अप bunched है डी में योग्यतम परिदृश्य के अस्तित्व के लिए ई अपवाद हैं, लेकिन हर किसी को स्वीकार्य संख्या में तब्दील हो रही है. स्वीकार्य संख्या एक सापेक्ष

शब्द है, हालांकि, कि याद रखें. संभवतः आप निकाल दिया जाएगा मतलब हो सकता है एक और महीने में, जबकि एक माह में बिक्री में 1,00,000, स्वीकार्य हो सकता है.

एक सहायक बिक्री प्रबंधक के रूप में एफ आप सफलता बारीकी से अपनी बिक्री टीम के परिणामों से जुड़ा हुआ है, तो यह आप पर है कि आप चाहते हैं कि टीम का गठन करने और उच्चतम डिग्री को उनकी सफलता सुनिश्चित करने के लिए प्रयास करें कि आवश्यक है. वे असफल हो, तो आप सहायक सेल्स मैनेजर की अपनी स्थिति को खो देंगे न केवल; आप कंपनी से पूरी तरह से डिब्बा बंद हो सकता है. समय के अधिकांश, तथापि, आप को कुछ नहीं होगा कि सबसे खराब आप सामान्य बिक्री के लोगों के पैक में वापस फेंक दिया है. यह भी बाहर की कोशिश, और, आपको लगता है कि कुछ नया विज्ञापन अभियान काम हो सकता है के लिए ऋण लेने के लिए समय है.

आईसीए और HW 8

निम्नलिखित निबंध उत्तर:

1 आप सहायक बिक्री प्रबंधक के लिए विक्रेता से पदोन्नत किया जाएगा?

2 अच्छी खबर है और एक नई सहायक बिक्री प्रबंधक बनने के लिए बुरी खबर क्या है?

3 क्या, सामान्य रूप में, एक सहायक बिक्री प्रबंधक की नई जिम्मेदारियों हैं?

4 "स्वीकार्य संख्या" क्या हैं?

5 क्यों अपनी बिक्री टीम एक साथ डालने और अपनी सफलता के लिए महत्वपूर्ण उनकी सफलता सुनिश्चित है?

अपनी बिक्री टीम में विफल रहता है, तो क्या होगा 6?

इस पाठ के लिए अतिरिक्त इंटरनेट संसाधन:

फिल्म संसाधन

ग्लेनगैरी Glenross

http://www.askmrmovies.com

33

एक सहायक बक्रिरी प्रबंधक के कर्तव्य

http://education-portal.com/articles/Advertising_Manager_Job_Description_and_Requirements_for_a_Career_in_Advertising_Management.html

कैसे प्रभावी ढंग से करिाया और आग salespeople के लिए

http://www.rabinsite.org/academyLms/content/workbooks/mc2workbook.pdf
सबक नौ पहचान

यहाँ अपने पर्यवेक्षकों और सह कार्यकर्ताओं को अपने आप को पेश करने के तरीके के बारे में कुछ अच्छा सामान्य सलाह है; यह है कि क्या पश्चमि में या चीन में हो. यह सबक योजना की रूपरेखा (हाँ, अच्छा वज्ञिापन एजेंसियों अच्छा नैतकिता है) और आप उन्हें समझने की जरूरत वज्ञिापन नैतकिता की परख होती है.

पाठ 9 - नैतकिता और कार्यस्थल समाजीकरण जाल

कार्यस्थल में ए सामाजकि (और वशिेष रूप से बक्रिरी कार्यस्थल में) अपने रोजगार स्वास्थ्य के लिए बेहद खतरनाक हो सकता है. पुरुषों और महलिाओं को सर्फि बक्रिरी के ahold पाने के लिए एक दूसरे के साथ सोया है. डेटगि salespeople के बीच एक लड़ाई पूरे बक्रिरी टीम के लिए जहरीला हो सकता है. अपनी बक्रिरी कार्यालय में कसिी भी रोमांटकि पहल से सावधान रहें. वपिरीत सेक्स के लोगों से मलिने के लिए अन्य स्थानों के बहुत सारे हैं. समूह के भीतर एक साथ काम करना और नकिटता को बढ़ावा देने के बावजूद हमेशा हर मुस्कान के पीछे गुप्त कार्यालय में शीर्ष दो स्थान के लिए प्रतस्पिर्धा के द्वारा बनाई गई है कि दूरी है, हर उत्सव और कार्यालय में हर सामाजकि स्थति या पीते हैं.
यदि आप शादीशुदा हैं आप कार्यालय में कसिी तारीख की कोशशि बी, आप बेहद कमजोर कर रहे हैं. हर कोई आप शादी कर रहे हैं जानता है. हर कोई आप मजाक कर रहे हैं जानता है. सभी इसे लेता है कि आप नीचे लाने के लिए एक दुश्मन है और उस कंपनी में अपने कैरयिर खत्म हो गया है. यह कई कंपनयिों में अक्सर होता है? बेशक यह करता है. कुछ लोग इसके साथ दूर मलिता है? बेशक वे करते हैं. बाधाओं आप के खलिाफ बहुत उच्च खड़ी दखिती हैं लेकनि क्योंकि तुम / नहीं होगा. कुछ भी उनकी पत्नी के साथ कि सेक्स में ज़्यादा बेहतर है कि वे घर के बाहर मलि सेक्स का कहना है. अगर यह सच है कि आप घर पर स्टेक हो सकता है, तो क्यों हैमबर्गर है?
सी Teambuilding एक बात है; कुल मलिाकर एक और बात में व्यापार के दौरे पर अपने सहकर्मयिों के साथ

बहुत मलिनसार हो रही है. यह अक्सर होता है और परणिाम अपनी बक्रिी प्रबंधक स्थति सि पक्षपात, समूह मोहभंग, गरिती बक्रिी और अंतमि बर्खास्तगी हैं.

डी कभी सभी व्यवसायों में नीचे की रेखा की बक्रिी से लाभ है कि एक पल के लएि भूल जाते हैं. बाकी सब कुछ एक भ्रम या अप्रासंगकि है. आप अपने घर के बाहर एक या अधकि गर्लफ्रेंड हो सकता है. आप जतिने चाहें कई मामलों में हो सकता है और उन्हें अपनी बक्रिी के आंकड़े ऊपर जाना जारी प्रदान की कंपनी भी भुगतान करना होगा. नैतकिता और नैतकिता वज्ञिापन, बक्रिी और समृद्ध कंपनयिों की लंबी सूट कभी नहीं गया है. अपनी पत्नी या पत पिर धोखाधड़ी, तथापि, (कार्यालय के अंदर और बाहर दोनों) अपनी प्रतस्पिर्धा में वे सामान्य रूप से नहीं होता एक छोर देता है. क्यों प्रतयिोगति बढ़त दे?

ई दुर्लभ अवसरों पर, एक वास्तवकि कार्यालय रोमांस दो स्वाधीन वपिरीत सेक्स के सदस्यों और यह सब ठीक है और अच्छा है के बीच खलि जाएगा. हालांकि, वे एक पल की सूचना पर गर्भवती हो गई और जो भी कोई जम्मिदारी है जो एकल पुरुषों के साथ रखने के लएि क्योंकि उनकी अक्षमता की बक्रिी और मुनाफे के लएि मूल्यवान कंपनी समय खो सकते हैं क्योंकि कई क्रूर कंपनयिों ववाहति महलिाओं के लएि एक दायत्वि वचािर है कि एक मनिट के लएि कभी नहीं भूल सकता. इसके वपिरीत कानूनों के बावजूद, कई कंपनयिों को अपनी नौकरी के लएि समर्पति केवल एकल पुरुषों और महलिाओं करिाया. वे भी बच्चों के बनिा शादी पुरुषों करिाया होगा. सबसे खराब प्रकार का यह पूर्वाग्रह सामान्यतः असंख्य बक्रिी वभिागों द्वारा अभ्यास है. एक बार फरि, हालांकि, आप गर्भवती है जो एक औरत हो सकता है जब तक अपनी बक्रिी के आंकड़े चढ़ाई करने के लएि जारी कार्यालय में छह बच्चों और दो गर्लफ्रेंड्स है.

एफ सॉफ्टबॉल टीमों, गेंदबाजी टीमों, गोल्फ टीमों, टेनसि टीमों और अन्य कंपनी टीमों बक्रिी मनोबल के लएि एक अच्छा वचािर कर रहे हैं. दलों, काम करने के बाद एक बार करने के लएि जा रहे हैं, या अधकिांश श्रमकिों के लएि बुद्धमिान वकिल्प नहीं हो सकता काम से कसिी के घर के लएि जा रहा है. कुछ वे मेलजोल और "लोगों के साथ" पीने जाना नहीं है अगर वे अपनी नौकरी खो सकता है कह सकते हैं. समाचार फ़्लैश; मायने रखता है कि केवल एक चीज अपनी बक्रिी है; और कुछ नहीं मायने रखती है. एक बेहतर वज्ञिापन के साथ आओ.

आईसीए और HW 9

नम्निलखिति नबिंध उत्तर:

1 क्यों कभी कभी बक्रिी और वज्ञिापन कार्यस्थल एक खतरनाक गतविधि मिें सामाजकिता है?
2 क्यों शादीशुदा लोग कभी कभी बक्रिी और वज्ञिापन कार्यस्थल में कठनिाई होती है?
3 क्यों कभी कभी बक्रिी सम्मेलनों और व्यापार यात्रा के लएि एक खतरनाक स्थति हि?
4 क्यों बक्रिी के रूप में दूर नैतकिता ज़्यादातर कंपनयिों में चतिति हैं के रूप में गनिा ही बात है कि अंत में कर रहे

हैं?
क्यों महिलाओं बिक्री और विज्ञापन कार्यस्थल में एक नुकसान में रहे हैं 5?
6 क्यों कंपनी टीम गतिविधियों दलों के लिए बेहतर होते हैं और काम के बाद पीने के लिए जा रहे हैं?

इस पाठ के लिए अतिरिक्त इंटरनेट संसाधन:

फिल्म संसाधन
Madmen (किसी भी प्रकरण)

http://www.askmrmovies.com

बिक्री और विज्ञापन कार्यस्थल में महिलाओं की चुनौतियां

http://www.blastradius.com/ideas/confessions-of-a-महिला exec/

(यह वह उसे अपने किताब के लिए इसका इस्तेमाल किया, इतना डेविड ओगिल्वी के शीर्षक की तरह लेखक लगता है)

बिक्री में टीम निर्माण

http://www.teambuildingproductions.net/commercials.htm

सबक दस को पहचान

सबक दस की रूपरेखा में, हम अपना पहला खाता हो रही है की खुशियों की जांच. तो, हम आपको इस खाते के साथ सफल नहीं रहे हैं आप सबसे अधिक संभावना निकाल दिया जाएगा एहसास है कि एक बार में सेट है कि आतंक की जांच. सफलता की अपनी पहली रोमांच या भविष्य में पालन करने के लिए प्रत्येक भावना से कई अधिक के साथ व्यापार में अपनी पहली असफलता के लिए पर पढ़ें. आप सुरक्षा चाहते हैं, (बेशक, आप लगभग उतना पैसा नहीं होगा) एक बैंक या एक स्कूल में एक नौकरी मिलि.

पाठ 10 - अपना पहला खाता

ए बधाई. आप बस अपना पहला विज्ञापन खाते उतरा. वे आप अपने खुद दिया या शायद तुम भाग्यशाली हो गया और जैसे ही आप काम पर रखा गया के रूप में एक साथ बंद शुरू होने से पहले आप महीने के लिए एक

सहायक हो सकता है. कसिी भी तरह से, आप आप दिए गए थे खाता अत्यंत महत्वहीन है कि खेत शर्त कर सकते हैं. वे एक कनिष्ठ विज्ञापन एजेंट के लिए एक प्रमुख खाते पर भरोसा करने के लिए नहीं जा रहे हैं. यह अच्छी खबर है और बुरी खबर है. अच्छी खबर यह है कि आप अपने पहले खाते हैं और आप क्या कर सकते हैं दिखाने के लिए एक मौका दिया है. बुरी खबर यह कोई अन्य वरिष्ठ सदस्य चाहते थे और लंबे समय तक कार्यालय में किसी को भी आप पहले से ही पारित किया था की तुलना में है कि जो किसी खाते शायद है. आप इस खाते के साथ विफल हो जाएगा कि संभावना बहुत अधिक हैं; अच्छी तरह से 50% से अधिक. अगर आप असफल हो कोई भी यह पहली जगह में करना चाहता था क्योंकि हालांकि, आप शायद निकाल नहीं मिलेगा. यह शायद बेचने या जनता के लिए आकर्षक बनाने के लिए एक बहुत ही मुश्किल मद है. मुझे आपको एक उदाहरण देता हूँ; काकरोच के लिए इक्का बग स्प्रे.

बी कैसे आप एक विषैले बग आकर्षक स्प्रे कर सकता हूँ? चलो यह चेहरा आप एक अलग नजरिए से समस्या पर हमला करने के लिए है तो, बग स्प्रे, बहुत आकर्षक नहीं है; कितना लोगों तिलचट्टे से नफरत करते हैं? आप रसोई, बाथरूम और बेडरूम में तिलचट्टे के मनोवैज्ञानिक भय तत्व में नल कर सकते हैं? छात्रों को इस खाते पर काम की मैं एक समूह था और यह वे के साथ आया है. एक छात्र को एक आदमी के बजाय उसकी पत्नी का उसके साथ बिस्तर में एक विशाल तिलचट्टा के साथ जागना पड़ा. इस छात्र विनोदी कोण के लिए चला गया. एक अन्य छात्र के परिवार के लिए खाना नहीं छोड़ रहा है, फ्रिज पर छापा मारने तिलचट्टे का एक समूह था. यह भी एक विनोदी दृष्टिकोण था. एक तिहाई छात्र ने की बौछार के बाद एक आदमी उसे तौलिया पारित करने के लिए अपनी पत्नी से पूछना है और एक तिलचट्टा उसे एक तौलिया हाथ. तो मेरा सर्वश्रेष्ठ छात्रों हास्य इस उत्पाद को संभालने के लिए सबसे अच्छा तरीका था कि सोचा था और मैं उन लोगों के साथ सहमत हैं.

सी कैसे आप प्रतिस्पिर्धा को हराया है? वे कहते हैं कि सच्चाई युद्ध के पहले मारा जाता है कहना. वैसे, यह भी विज्ञापन में सच है. हर उत्पाद सबसे अच्छा और कम से कम महंगी होने का दावा. बेशक, कि गणितीय संभावना नहीं है, लेकिन वे सब वैसे भी, यह दावा करते हैं. तो अपने उत्पाद स्वचालित रूप से (यह नहीं है, भले ही) बाजार पर सबसे अच्छा होना चाहिए. अगला सवाल क्यों यह बाजार पर सबसे अच्छा है? अब आप यह सबसे अच्छा है क्यों एक उचित विचार के साथ आने के लिए है. मेरे छात्रों में से एक इस चाल का इस्तेमाल किया: "अन्य स्प्रे का इस्तेमाल किया जाता है और कीड़े वापस आते रहते हैं, लेकिन ऐस बग स्प्रे सिर्फ एक प्रयोग के बाद काम करता है (और कीड़े के रूप में अच्छी तरह से वापस यह एक प्रयोग के बाद) हो जाएगा. विज्ञापन में शब्दों पर ध्यान दें; यह वास्तव में कीड़े एक प्रयोग के बाद वापस नहीं आ जाएगा कि दावा नहीं करता; यह केवल यह सिर्फ एक प्रयोग के बाद काम करता है जो बताता है. खैर, सभी बग स्प्रे एक प्रयोग के बाद काम है, लेकिन यह महत्वपूर्ण नहीं है. पाठक कीड़े वापस एक प्रयोग के बाद नहीं आएगा कि सोचता है. इस सुझाव की शक्ति है.

एक अन्य छात्र उसे विज्ञापन के लिए आर्थिक मॉडल का इस्तेमाल किया; यहाँ निहितार्थ आप लंबे

समय में, आप पैसा बचाना होगा, ताकि अपनी समस्याओं से छुटकारा पाने के लिए उत्पाद की बहुत जरूरत नहीं है "उन्हें बस एक स्प्रे के साथ मृत लोगों की मौत". दरअसल, सभी बग स्प्रे बस एक स्प्रे के साथ किसी भी बग मारने, लेकिन कोई अन्य कंपनी एक नारा है कि बिनाने के बारे में सोचा. यह आप प्रतिस्पर्धा को हराया है. आप नैतिक क्षेत्र में फसिलन बर्फ पर पहले से ही पता है कि

डी कलाकृति और कॉपी ग्राफिक हो सकता है और खरीदार के लिए एक संदेश भेजना चाहिए. एक मृत बग और शब्दों दिखाएँ "बस एक स्प्रे, और वे चले जाओ" एक छात्र प्रस्तुत की. सभी कीड़े दूर एक स्प्रे के बाद जाना है, लेकिन तस्वीर देता विचार स्प्रे बग को मारता है और कोई अन्य कीड़े कभी (क्या एक काल्पनिक) फिर से पास आ जाएगा. बग का चेहरा दर्द में या डर में होना चाहिए. हकीकत में, कीड़े या तो के चेहरे का भाव नहीं है. बग की हत्या कर सकते हैं पर एक महिला को दिखाएँ. ज़्यादातर महिलाओं को कीड़े नफरत और क्लीनर अधिक (आम तौर पर कुछ कीड़े घर में हैं तो परवाह नहीं है जो गंदा सूअरों कौन हैं) सबसे पुरुषों की तुलना में कर रहे हैं. सकता है महिला के हाथ में एक हथियार है और एक हद तक उसे सकती है.

ई अपने उत्पाद में जाना जाता है और वितरित हो जाओ. ग्राहकों को आप के लिए आने के लिए आप इंतजार कर से बिक्री में वृद्धि नहीं कर सकते हैं. इस खाते से निपटने विज्ञापन exec विपणन और इस उत्पाद के वितरण में शामिल करने के साथ ही रचनात्मक अंत से शामिल हो रही बनना पड़ेगा. सचमुच अपने उत्पाद के साथ इंटरनेट छप. एक बिक्री की है; 33% से दूर. दो खरीदें और मुक्त एक (बिक्री बंद एक 33% के रूप में ही) मिलता है. गरीब इलाकों में संपर्क भंडार; वे तिलचिट्टे के साथ सबसे अधिक मकान है. गरीब और working- वर्ग के लोगों को लक्षित करें; वे इन छोटी critters से सबसे अधिक पीड़ित रहे हैं. अपने प्रतियोगिता चार्ज और मिलने या मूल्य को हरा क्या है पता.

एफ बधाई. अपनी बाजार हिस्सेदारी 1% इस महीने के ऊपर है. विज्ञापन अभियान एक सफलता थी. ऐस बग स्प्रे कंपनी की बिक्री में एक अतिरिक्त $ 200,000 बना. उन्होंने कहा कि वे अभियान के लिए भुगतान 10,000 डॉलर की चोटी पर अपने विज्ञापन एजेंसी 10,000 डॉलर बोनस देने के लिए बहुत खुशी होगी. अपना पहला विज्ञापन अभियान एक सफलता थी, लेकिन वह अपने सिर को जाने नहीं देते. तुम बस के रूप में आसानी से विफल रहे हैं हो सकता था. जल्दी या बाद में, अपने विज्ञापन अभियानों में से एक असफल हो जायेगी. यह एक गणितीय निश्चितता है. लेकिन अपनी पहली सफलता का आनंद लें. आप विफल रहा था, तो आप अगली बार अपनी असफलता की अनदेखी और एक बेहतर अभियान के साथ आने के लिए होगा.

आईसीए और HW 10

निम्निलखिति नबिंध उत्तर

1 क्यों यह अच्छी खबर है और एक वज्ञिापन एजेंसी में अपना पहला खाता पाने के लिए बुरी खबर है?
2 कैसे आप खरीदार के लिए बग स्प्रे आकर्षक बनाते हैं?
3 कैसे आप अपने प्रतयिोगतिा हरा सकता हूं?
4 क्यों कलाकृतिहैं और महत्वपूरण की नकल?
आप अपना पहला वज्ञिापन अभयिान के साथ सफल रहे हैं अगर आप क्या करना चाहिए 5? आप कैसे असफलता संभालना चाहिए?

इस पाठ के लिए अतरिक्ति इंटरनेट संसाधन:

जनरल संसाधन

http://www.askmrmovies.com

जीवन के लिए वासना (1956) - महान कलाकार फलि्म

वज्ञिापन एजेंसयिों पर पहले खातों

http://en.wikipedia.org/wiki/Account_planning

वज्ञिापन अभयिान पर कलाकृतिऔर कॉपी

http://www.rottentomatoes.com/m/1216754-art_and_copy/ (वृत्तचत्रि)

सबक ग्यारह को पहचान

ठीक है, तो आप भाग्यशाली है और अपने पहले अभयिान के साथ एक हटि बना दयिा. यह एक अच्छी बात है और इतना अच्छा नहीं बात दोनों है. अब आप एक ग्राहक के साथ सफल रहे थे, कि अपने प्रबंधकों को आप उम्मीद होगी हर ग्राहक के साथ सफल होने के लिए. बेसबॉल में, आप बहष्किार तीन बार के बाहर दो कर सकते हैं, और अभी भी मारने में लीग का नेतृत्व, लेकनि विज्ञापन में, कि केवल आप नकिाल मलिेगा. अपने प्रारंभकि सफलता के लिए जोड़ने के लिए पर इस सबक योजना की रूपरेखा की जाँच करें.

पाठ 11 - आपका खाता पोर्टफोलयिो में जोड़ना

ए तो आप अपने पहले ग्राहक के साथ सफलता का एक सा था. यह अपने सरि को जाने मत देना. आप व्यापार में जा सकते हैं केवल दो दशिाओं कर रहे हैं; या तो ऊपर या नीचे. कोई भी बस वे क्या पूरा कयिा है पर साथ glides. आप या तो अपनी एजेंसी के लिए बक्रिी बढ़ रही हैं या अपनी बक्रिी, ज़ाहरि है, आप अंततः छोड़ने के लिए कहा जाएगा जो मतलब होगा, कम कर रहे हैं. मान लीजिए कि आप uptrend पर हैं तर्क के लिए मान लेते हैं. आप ऐस बग स्प्रे के साथ सफल रहे थे और अब आप फर्म के वरष्ठि भागीदारों की आँख पकड़ा और अपनी एजेंसी के अन्य सदस्यों में से कुछ के दलि में डर डाल दयिा है. आप अन्य खाते के लिए लाइन में हो सकता है; इस समय यह ऐस बग स्प्रे से एक बड़ा और / या बेहतर खाता हो जाएगा. शायद तुम 'ए' टीम के बजाय 'बी' टीम के साथ काम करेंगे. आप अपने आप में मलि जो भी स्थतिि है, आप इसे अपने पहले खाते की तुलना में अधकि जटलि हो जाएगा खेत शर्त कर सकते हैं. एक बड़ा ग्राहक के लिए तैयार रहें.

बी आपकी कंपनी सरि्फ तीन साल के लिए कंपनी के साथ कयिा गया था जो वधियिक क्लेमेंस, बंद रखी.

बी आपकी कंपनी सरि्फ तीन साल के लिए कंपनी के साथ कयिा गया था जो वधियिक क्लेमेंस, बंद रखी. यह वह एक ठोस ब्यौरा दयिा और यह दो सीधे तमिाहयिों के लिए ढलान पर जाने दयिा गया था जब भाग्य के बलि की लकीर समाप्त हो गया लगता है. वधियिक अच्छा है या बुरा था? वास्तव में कोई फर्क नहीं है. मायने रखती है कि केवल एक चीज बक्रिी है; और वे नीचे दो सीधे क्वार्टर थे. आप खाते सौप दयिा गया है. अच्छी खबर यह है तो एजेंसी दो वज्ञिापन एजेंटों को एक पंक्ति में एक ग्राहक पर वफिल अगर ग्राहक के साथ कुछ गड़बड़ है सोचना होगा क्योंकि आप शायद बनाए रखा जाना अभी भी इस काम के साथ वफिल कर सकते हैं और है. (वे के रूप में अच्छी तरह से एक पंक्ति में दो वफिलताओं का सामना अगर ग्राहक आमतौर पर वैसे भी आप छोड़ देंगे). बुरी खबर यह है कि आप ऐस बग स्प्रे घूमा और उम्मीदों आप अमेरिकी बाजार (वे स्वाभावकि रूप से, चीन से आते हैं) पर अपने पहले साल के लिए बड़ी सफलता मलिी जो अलीबाबा स्नीकर कंपनी, चारों ओर मोड़ होगा रहे हैं, लेकनि से दबाव बढ़ा है नाइके और एडिडास वे पहले साल में शेयर बाजार में बनाया था लाभ के कुछ उलट गया है. अपनी नौकरी के लिए 5% या भी 4% की वे पहले साल में था 6% अपने वर्तमान बाजार हस्सिेदारी बढ़ाने के लिए है.

सी तुम अब भी अलीबाबा स्नीकर्स के लिए एक अभयिान के साथ आने के अलावा अपने अन्य ग्राहक, ऐस बग स्प्रे, सेवा करने के लिए है, याद रखें. एक समय में भी कई ग्राहकों को लेकर भी पतली अपने आप फैल नहीं भूलें. अपने सहायकों में से एक को कुछ अधकिार प्रतनिधिि (इस समय तक वरष्ठि सदस्यों आप एक सहायक दयिा जाएगा). उन्हें यह आपकी अपेक्षाओं के अनुसार चल रहा है सुनश्चिति करने के लिए इक्का बग स्प्रे अभयिान पर नजर रख लो. तो फरि तुम अलीबाबा स्नीकर्स के लिए अपने नए अभयिान का आयोजन शुरू कर सकते हैं.

डी तो क्या अलीबाबा स्नीकर्स के साथ गलत हो गया? क्यों वे पछिले दो तमिाहयिों के लिए बाजार में हस्सिेदारी खो दयिा. आप अपने नए अभयिान के प्रयास करने से पहले व्यापक शोध करने की जरूरत है. अपने अनुसंधान नाइके अलीबाबा स्नीकर्स द्वारा की पेशकश की कम कीमतों के साथ प्रतस्पिर्धा करने के लिए एक कम अंत उत्पाद बनाया है दखिाता है. यह वे पहली बार बाजार में उतरने और अन्य सभी घरेलू स्नीकर ब्रांडों undersold जब अलीबाबा स्नीकर्स था कि लाभ कम. तो नाइके आप पर हमला कयिा है. आप सही वापस नाइके हमला करने की जरूरत है. मेरे छात्रों में से एक अलीबाबा स्नीकर समस्या सौपा और इस समाधान के साथ आया था; नाइके की लाइन शैलयिों के शीर्ष कॉपी और सभी एक ही घटकों के साथ बहुत कम समय के लिए उन्हें बेचते हैं. दोनों के लिए पेशकश कर रहे हैं कि कीमतों के लिए नाइके के उस के साथ लाइन शैली और गुणवत्ता के अपने शीर्ष तुलना करने के लिए एक स्वतंत्र उपभोक्ता रपिोर्ट समूह का प्रयोग करें. उपभोक्ता समूह मूल्य के लिए, अलीबाबा स्नीकर्स नाइके के जूते की पेशकश की रेखा के ऊपर है कि सभी एक ही गुणवत्ता प्रदान करते हैं कि नष्किर्ष के साथ आते हैं, लेकनि एक कम कीमत पर चाहिए. आप इस रणनीति को पूरा कर सकते हैं, तो आप

एक बहुत बड़ा बोनस, एक बड़ी बढ़ा, एक नए कार्यालय के लिए और भी बड़ा और बेहतर खातों के लिए लाइन में लाइन में किया जाएगा.

ई आप क्या असफल हो? अलीबाबा स्नीकर्स शक्तिशाली नाइके के साथ सिर के सिर में जाने का मौका लेने के लिए क्या नहीं चाहता है? तो आप या तो निकाल दिया या किसी अन्य खाते के साथ एक और मौका दिया जाएगा. भले ही परिणाम की, आप हमेशा नए विचारों के साथ एक नया अभियान बनाने के लिए होगा. आप आधा दर्जन विज्ञापन एजेंसियों के लिए काम करते हैं, भले ही यह सब लगता है एक अच्छा विचार है और विज्ञापन की दुनिया में अपनी पहचान बनाने के लिए एक अच्छा अभियान है. बस दूर झूल रखना, और अभी या बाद में, आप पार्क के बाहर एक मारा जाएगा.

आईसीए और HW 11

निम्नलिखित निबंध उत्तर:

आप अपने पहले ग्राहक के साथ सफलता है अगर 1 क्या होगा?
आप समस्याओं के साथ एक ग्राहक के चारों ओर मोड़ करने में विफल अगर 2 क्या होगा?
आप अपने पोर्टफोलियो को और अधिक ग्राहकों को जोड़ने अगर 3 कैसे आप अपने ग्राहकों को सेवा देना चाहिए?
4 कैसे आप प्रतिस्पर्धा पलटवार कर सकते हैं?
5 कैसे आप एक असफल विज्ञापन अभियान व्यवहार करना चाहिए?

इस पाठ के लिए अतिरिक्त इंटरनेट संसाधन:

जनरल संसाधन

http://www.askmrmovies.com

विफलता: मूवी (2012)

अपने ग्राहक आधार को जोड़ना

http://www.shmoop.com/careers/sales-representative/

वज्ञािपन में वफिलता हैंडलगि

http://www.theradiostations.com/12-कारणों-वज्ञािपन वफिलता

सबक बारह को पहचान

हम रखने के कंपनी द्वारा न्याय कर रहे हैं कि एक कहावत है. कुछ भी वज्ञािपन की दुनिया में उस बयान से सच्ची है. आप सूअरों के साथ सोने के हैं, तो आप एक सुअर अपने आप पर वचिार कयिा जाएगा; परवाह कएि

बनिा ब्रूक्स ब्रदर्स से अपने तीन पीस सूट की. ओगलि्वी से सलाह के बाद ही पीछा कयिा, लेकनि पत्र के लिए पीछा नहीं कयिा जाना चाहिए.

पाठ 12 - वज्ञिापन के लिए ग्राहकों का चयन कैसे करें

आम धारणा के ए वपिरीत, एक अच्छा वज्ञिापन कंपनी के दरवाजे के माध्यम से आया है कहिर ग्राहक नहीं ले करता है. आप का नर्िमाण करने की कोशशि कर रहे हैं एजेंसी की प्रतष्ठिा को ख़तरे में डालना होगा ऐसा करने के लिए.

बी अपने ग्राहक को बेचने की कोशशि कर रहा है उत्पाद का वज्ञिापन करने के लिए गर्व हो. आप महलिा अंडरवयिर की बक्रिी एक समस्या है, तो खाते को स्वीकार नहीं करते.

आप आप अपने पूर्ववर्ती की तुलना में एक पुष्ट बिेहतर काम पूरा कर सकते हैं जब तक कसिी एक खाते को कभी स्वीकार नहीं.

डी कई तमिाहयिों में बाजार हसि्सेदारी में लगातार घाटे की एक लंबी खचिाव के साथ ग्राहकों को जोड़ने के लिए नहीं की कोशशि करें.

ई भी मांग कर रहे हैं, जो ग्राहकों से बचें; ग्राहकों की मांग अक्सर काम नहीं करता है क्या काम करता है और क्या का पूर्वाग्रह वचिार है. यह रचनात्मकता और एक प्रभावी नया अभयिान माउंट करने के लिए अपने कर्मचारयिों की क्षमता stifles.

एफ कम इकाई लागत के उत्पादों, सार्वभौमकि उपयोग, और लगातार खरीद (टूथब्रश, टॉयलेट पेपर, कैंडी, पेय, आदि) के साथ ग्राहकों की शोध. वे बड़े बजट और उच्च टकिट आइटम से परीक्षण करने के लिए आसान कर रहे हैं.

जी ठीक अपने वज्ञिापन अभयिान के लिए एक से अधकि व्यक्त िकी आवश्यकता होती है कसिमूहों या समतियिों से बचें. आप अकेले मालकि और कोई नहीं करने के लिए जवाबदेह हैं सुनश्चिति करें.

एच आप अपने कर्मचारयिों पर उनके कार्यकर्ता से एक होना चाहिए कएिक शर्त के साथ एक ग्राहक को स्वीकार न करें.

मैं बदमाशों की तरह काम करते है कग्रिाहकों से बचें.

जे सार्वजनकि रूप से अपने अभयिान के लिए एक उम्मीदवार के रूप में आप की घोषणा है कग्रिाहकों से बचें. अपनी एजेंसी के नुकसान में इस तरह के एक ग्राहक परणिामों की भर्ती के लिए लोक वफिलता.

लालकृष्ण एक खाते के लिए कसिी भी एक समय में एक से अधकि तीन अन्य एजेंसयिों के साथ प्रतस्पिर्धा

करने से बचें.

आईसीए और HW 12

नम्निलखिति नबिंध उत्तर:

क्यों आप अपने एजेंसी के लिए सेवा करने के लिए ग्राहकों को चुनने में चयनात्मक होना चाहिए 1?
2 क्यों आप ग्राहकों की मांग से बचना चाहिए?
3 क्यों आप कम यूनिट लागत है कि उत्पादों के साथ ग्राहकों को बाहर लेनी चाहिए?
4 क्यों आप एक अभियान के लिए प्रतसि्पर्धा सार्वजनकि रूप से बचना चाहिए?
5 क्यों वज्ञिापन अभियान एक से अधकि व्यक्त‍ि के अनुमोदन की जरूरत है जहां स्थतियिों से बचना चाहिए?

इस पाठ के लिए अतरिक्ति इंटरनेट संसाधन:

जनरल संसाधन

http://www.askmrmovies.com

आयलैंड Brockovich (2000) वज्ञिापन में नैतकिता की जाँच

वज्ञिापन में नए ग्राहकों को स्वीकार करने के लिए मानदंड

http://www.ehow.com/info_8681316_procedures नए खातों-वज्ञिापन, company.html

एक वज्ञिापन एजेंसी में अनुचति ग्राहकों से बचना

http://marketing.about.com/od/advertising/tp/marketmistakes.htm

सबक तेरह को पहचान

यहाँ ओगल्विी ग्राहकों को रखने के लिए पर हमें सलाह देता है. उन्हें मिल रहा है उन्हें रखने से कभी कभी आसान है. एक ग्राहक को खोने आप और आपकी कंपनी दोनों के लिए समस्याग्रस्त किया जा सकता. मामले में एक योजना बी होने से एक ग्राहक के संभावित नुकसान के लिए तैयार रहना वे अपने जहाज को छोड़ दें. ओगल्विी हमें खुश हमारे ग्राहकों को रखने के लिए पर कई सुझाव देता है.

पाठ 13 - ग्राहकों को रखने के लिए कैसे

ए औसत ग्राहक हर सात साल विज्ञापन एजेंसियों बदलता है. आप नए लोगों को प्राप्त नहीं, ग्राहकों को बनाए रखने के लिए अपने सबसे अच्छे कार्यकर्ताओं को समर्पित सुनिश्चित करें. आप ग्राहक दीक्षा और क्लाइंट रखरखाव में अपनी कंपनी के कार्यों को अलग कर देना चाहिए. एक व्यक्ति के साथ दो मिश्रण कभी नहीं.

अपने ग्राहक के विज्ञापन और उनकी एजेंसियों के इतिहास का बी पता है, अक्सर एजेंसियों को बदलने कि ग्राहकों से बचने या उनकी एजेंसियों के साथ एक गरीब इतिहास है

एक ग्राहक के साथ एक संबंध स्थापित जब सी, कंपनी के सभी स्तरों पर संवाद स्थापित करने का प्रयास करें.

डी हर समय कंपनी के उच्चतम स्तर के साथ सौदा करने की कोशिश; मुख्य कार्यकारी अधिकारियों और राष्ट्रपतियों अधीनस्थों के साथ निपटने की तुलना में कम परेशानी हैं.

ई किसी एक ग्राहक पर बहुत ज़्यादा जोर मत डालो. एक ग्राहक से व्यापार की आय से अधिक मात्रा में होने के अंत में आपको लगता है कि ग्राहक खोना अगर व्यापार की आय से अधिक राशि खोने के लिए नेतृत्व कर सकते हैं.

एफ अपने ग्राहक सेवा के लिए आवश्यक समय को मापने. उसके खाते पर खर्च घंटे की राशि से अपने ग्राहक और विभाजन द्वारा भुगतान शुल्क ले लो. औसत प्रति घंटा भुगतान एक्स नीचे गिर जाता है, तो आप ग्राहक छोड़ देना चाहिए.

जी टीमों और जब भी संभव समितियों से बचें; सीईओ, अध्यक्ष या कुछ अन्य प्रमुख निर्णय निर्माता के लिए अपनी प्रस्तुति बनाने; नहीं एक छोटा सा अफसर.

एच आप वास्तव में अपने संभावित ग्राहक को दे इससे पहले कि आप अपनी प्रस्तुति दो या तीन बार अभ्यास सुनिश्चित करें.

मैं एक प्रस्तुति देने के लिए समितियों या एक से अधिक व्यक्ति के प्रयोग से बचें; अनुसंधान एक वक्ता वक्ताओं के एक समूह की तुलना में अधिक प्रभावी है दिखाया गया है.

जे सच करने के लिए अपने ग्राहक को बताएँ; यहां तक कि आप आप खाते लागत.

लालकृष्ण आपके कार्यालय या एजेंसी के भीतर किसी भी प्रकार की बदमाशी की अनुमति नि दें; बहुत कम से कम, सहकारी और लचीला सामंजस्य नहीं है या जो आग किसी को.

आईसीए और HW 13

निम्नलिखित निबंध उत्तर:

1 क्यों पहली जगह में उन्हें प्राप्त करने के रूप में बस के रूप में महत्वपूर्ण ग्राहकों को बनाए रखते है?

2 क्यों आप पूरी तरह अपने संभावित ग्राहक के विज्ञापन के इतिहास के इतिहास अनुसंधान करना चाहिए?

3 क्यों आप अपने संभावित ग्राहक की कंपनी के उच्चतम स्तर को पेश करना चाहिए?

4 तुम क्यों एक संभावित ग्राहक से किसी भी आय से अधिक अनुबंध से बचना चाहिए?

5 कैसे आप एक ग्राहक ड्रॉप करने के लिए एक निर्णय करना चाहिए?

6 क्यों आप अपने सभी ग्राहकों के साथ हर समय सच्चा होना चाहिए?

क्यों अपने कार्यालय या एजेंसी में बदमाशी की अनुमति नहीं होना चाहिए 7?

इस पाठ के लिए अतिरिक्ति इंटरनेट संसाधन:

जनरल संसाधन

http://www.askmrmovies.com

टकर (1988) - महान प्रस्तुति फिल्मि

विज्ञापन ग्राहकों को बनाए रखने के लिए कैसे

http://www.marketingdonut.co.uk/marketing/customer-care/how करने वाली बनाए रखने के ग्राहकों में हार्ड टाइम्स

अच्छा प्रस्तुतियों के लिए राज

http://www.thinkoutsidetheslide.com/ten-रहस्य है, के लिए उपयोग कर-PowerPoint-effectively/

सबक चौदह पहचान

यह विज्ञापन खेल में टैंगो दो लेता है कि एहसास करने के लिए महत्वपूर्ण है. आप अपने ग्राहक के सहयोग के बिना सफल नहीं हो सकता, और वे आप के साथ सहयोग जब तक अपने ग्राहक सफल नहीं हो सकता. इस सबक योजना की रूपरेखा में, ओगिल्वी ग्राहकों को अपने विज्ञापन पुरुषों या महिलाओं की ओर कैसे व्यवहार करना चाहिए पता चलता है.

14 सबक - कैसे ग्राहकों को अपनी एजेंसी की ओर से व्यवहार करना चाहिए?

ए ग्राहक अपनी एजेंसी के लिए भय का माहौल पैदा नहीं होना चाहिए.
बी एक बड़ा डिग्री करने के लिए, ग्राहक व्यवहार एक अच्छा विज्ञापन अभियान की सफलता या असफलता को निर्धारित करता है.
सी अपने विज्ञापन एजेंसी काम की रचनात्मक अंत करने के लिए अनुमति; इस क्षेत्र में उनके साथ प्रतिस्पर्धा नहीं है.
अपनी कंपनी के प्रमुख के रूप में अपनी एजेंसी के साथ सीधे डी कार्य.
ई अपने विज्ञापन एजेंसी अपने लाभ को प्रत्येक तिमाही में वृद्धि के लिए अच्छी तरह से भुगतान किया जाता है सुनिश्चित करें. बिक्री किसी भी तिमाही में नीचे जाना है, तो सफलता के लिए उन्हें अच्छी तरह से भुगतान करने के लिए तैयार रहना है तो आप आप उन्हें दंडित करने या उन्हें आग जाएगा शर्त कर सकते हैं.
एफ अपने एजेंसी के खर्चे घंटों में मापा जाता है; आप अतिरिक्त अनुसंधान, पूर्व परीक्षण, परीक्षण प्रस्तुतियों, विभाजन विज्ञापन परीक्षण, टीवी स्पॉट, रेडियो स्पॉट, अखबारों स्पॉट चाहते हैं, प्रति घंटा की बिलिंग शुल्क के अनुसार इन अतिरिक्त सेवाओं में से प्रत्येक के लिए भुगतान करने के लिए तैयार रहें. इन और अन्य गतिविधियों में से प्रत्येक के लिए प्रति घंटा शुल्क भिन्न हो सकते हैं, लेकिन अनुबंध के अग्रिम में बातचीत के जरिए किया जाना चाहिए.
जी अपनी एजेंसी के साथ खरा हो और आपके एजेंसी आप के साथ खरा होना है.

एच संख्या आम तौर पर झूठ नहीं है; केवल लोग झूठ बोलते हैं. यदि आपका नंबर एक नया विज्ञापन अभियान के लिए समय है कहना; संख्या का पालन करें. अपनी संख्या में अच्छा कर रहे हैं, तो इसे तोड़ा नहीं है अगर यह ठीक नहीं है.
मैं त्रैमासिक योजनाओं से मासिक योजनाओं में बदलें. बेहतर एक महीने में एक तुर्की या एक महीने में एक महान विज्ञापन अभियान लगता है.

आईसीए और HW 14

निम्नलिखित निबंध उत्तर:

1 क्यों आप अपने विज्ञापन एजेंसी धमकाने नहीं करना चाहिए?
2 क्यों विज्ञापन अभियान का रचनात्मक अंत एजेंसी से आना चाहिए?
3 क्यों आप लाभदायक महीने और तिमाहियों के लिए अपने विज्ञापन एजेंसी अच्छी तरह से इनाम चाहिए?
क्यों आप अपने विज्ञापन एजेंसी अपनी ओर से खर्च करेगा घंटे की राशि के बारे में पता होना चाहिए 4?
5 कैसे आपकी कंपनी हर महीने या तिमाही में आया है कि संख्या के संबंध में व्यवहार करना चाहिए?
6 क्यों मासिक योजनाओं तिमाही योजनाओं की तुलना में अधिक प्रभावी रहे हैं?

इस पाठ के लिए अतिरिक्त इंटरनेट संसाधन:

जनरल संसाधन

http://www.askmrmovies.com

रचनात्मकता: मूवी (? यह मैं एक पुल है मैं ब्रुकलीन में के रूप में अच्छी तरह से आप बेचना चाहते हैं आप एक फिल्म से रचनात्मक होना सीख सकते हैं कि महान नहीं है)

http://www.creativitymovie.com/

विज्ञापन में रचनात्मकता

http://hbr.org/2013/06/creativity में विज्ञापन, जब यह काम करता है | और जब यह doesnt/ar/1

विज्ञापन में बलिगि

http://advertising.about.com/od/advertisingglossaryb/g/Billings.htm

सबक पंद्रह पहचान

एक महान विज्ञापन अभयिान नर्माण (शामलि कुछ भाग्य है, हालांकि) ज्यादातर भाग्य नहीं है; यह अनुसंधान और कड़ी मेहनत का एक बड़ा सौदा लेता है. और सब से ऊपर, यह अनुशासन लेता है. यह सबक योजना रूपरेखा एक ठोस विज्ञापन अभयिान का नर्माण करने पर ओगल्विी की ध्वनि सलाह परख होती है.

पाठ 15 - कैसे एक ठोस विज्ञापन अभयिान बनाने के लिए

ए अत्यधकि अपनी योजना और कार्यान्वयन के साथ अनुशासति होना

बी चार अच्छा विज्ञापन कर रहे हैं:

1 ग्राहक OKs (सोचा था की एक स्कूल के अनुसार) है कि किसी भी विज्ञापन

2 जनता और उद्योग द्वारा याद कयिा जाता है कि किसी भी विज्ञापन

3 ही उत्पाद के लिए लेकनि, विज्ञापन की ओर ध्यान खींचने के बनिा बेचता है कि किसी भी विज्ञापन

4 पछिली तमिाही की बक्रिी (लेखक की राय) बढ़ जाती है कि किसी भी विज्ञापन

सी रचनात्मकता अहंकारी कयिा जा सकता है. रचनात्मकता से ज्यादा महत्वपूर्ण आखरिी तमिाही में बक्रिी बढ़ जाती हैं.

डी विज्ञापन की वास्तवकिताओं जानें. मेल आदेश विज्ञापन पर लगभग पूरी तरह से नर्भिर करता है. एक

महीने में इस प्रक्रिया के लिए परीक्षण बहुत समय है.

ई ग्राहक के ग्राहकों के लिए आकर्षक है कि एक वादा करो और तथ्यों दे.

एफ अपने विज्ञापनों के साथ अपने ब्रांड बनाने की कोशिश; इस अपनी बिक्री में वृद्धि होगी

जी छूट से बचें और सौदों ऑफ मूल्य; वे अपने उत्पाद को सस्ता करने के लिए करते हैं

एच अन्य सफल विज्ञापनों या विज्ञापन की नकल मत करो; वे अन्य उत्पादों के लिए काम करते हैं, लेकिन तुम्हारा के लिए काम नहीं कर सकता.

आईसीए और HW 15

निम्नलिखित निबंध उत्तर:

1 क्या माना जाता है अच्छा विज्ञापन?

2 क्यों रचनात्मकता अहंकारी है?

3 उपभोक्ता के लिए एक वादा का महत्व क्या है?

4 तुम क्यों ब्रांड महत्वपूर्ण इमारत है?

5 क्यों आप अपने उत्पाद के लिए छूट और कूपन से बचना चाहिए?

6 क्यों यह अन्य विज्ञापनों की नकल करने के लिए नहीं की सलाह दी जाती है?

इस पाठ के लिए अतिरिक्त इंटरनेट संसाधन:

जनरल संसाधन

http://www.askmrmovies.com

कभी बेचा सबसे बड़ी फिल्म (वृत्तचित्र 2011) - ब्रांडिंग के बारे में अच्छी फिल्म

ब्रांड बनाने के लिए कैसे

http://www.wikihow.com/Build ब्रांड इक्विटी

उपभोक्ता के लिए एक वादा बनाना

http://www.gazelles.com/columns/Brand%20Promise.pdf

सबक सोलह पहचान

डायरेक्ट मेल में ओगल्विी की वशिषज्ञता सामने आता है जहां यह है. इस सबक योजना की रूपरेखा में उन्होंने डायरेक्ट मेल वज्ञिापन की नकल लेखन की दुनयिा के माध्यम से कदम से हमें कदम लेता है; अच्छा वज्ञिापन का सार. इन सद्धिांतों का ठोस हैं और करोड़ों डॉलर कर दयिा है कनिरीक्षण वज्ञिापन अभयिान के साथ समर्थन कर रहे हैं, और आसानी से ईमेल वज्ञिापन के लिए अभ्यास कयिा जा सकता. तो नोटसि ले.

पाठ 16 - कैसे उत्कृष्ट प्रतलिपिलिखिने के लिए

ए शीर्षक अपने विज्ञापन की नकल का सबसे महत्वपूर्ण हिस्सा है. अपनी सफलता या विफलता के 80% अपने शीर्षक पर निर्भर करेगा.

बी विज्ञापन में दो सबसे शक्तिशाली शब्द निशुल्क और नए हैं.

सी कैसे एक और शक्तिशाली विज्ञापन वाक्यांश है.

कम से कम 6-10 शब्द के डी अब हेडलाइंस कम हेडलाइंस से अधिक बेचते हैं.

ई संभव हो तो अपने शीर्षक में अपनी बिक्री वादा शामिल करें.

एफ अपने शीर्षक में ब्रांड नाम शामिल करने के लिए प्रयास करें. सुर्खियों में नकारात्मक बचें.

जी शरीर की नकल शीर्षक के तहत पढ़ा है कि पाठ है. उपमा से बचें; यहां तक कि साधारण लोगों को.

एच शरीर की नकल के पहले 50 शब्द अत्यंत महत्वपूर्ण हैं. आप 50 शब्दों के बाद ब्याज रखने के लिए, पाठक आम तौर पर 500 या यहां तक कि 1000 शब्दों को पढ़ा जाएगा.

मैं आप शरीर की नकल, आप बेचेंगे अधिक उत्पाद में बता अधिक तथ्यों.

जे जब भी संभव शरीर की नकल में प्रशंसापत्र शामिल; वे बिक्री बढ़ाने के.

लालकृष्ण यह बिक्री बढ़ जाती है, आपके शरीर की नकल करने में मददगार सलाह का उपयोग करने का प्रयास करें.

आईसीए और HW 16

निम्नलिखित निबंध उत्तर:

1 क्यों शीर्षक अपने विज्ञापन की नकल का सबसे महत्वपूर्ण हिस्सा है?

2 क्यों स्वतंत्र हैं और विज्ञापन में दो सबसे शक्तिशाली शब्द नए हैं?

3 क्यों अब सुर्खियों में कम लोगों की तुलना में अधिक बिक्री बना सकता हूँ?

4 क्यों आप अपने शीर्षक में अपने वादे और ब्रांड शामिल होना चाहिए?

5 क्यों अपने शरीर के पहले पचास शब्द उस खंड का सबसे महत्वपूर्ण हिस्सा नकल कर रहे हैं?

6 क्यों आप अपने शरीर की नकल में प्रशंसापत्र और सलाह को शामिल करना चाहिए?

इस पाठ के लिए अतिरिक्ति इंटरनेट संसाधन:

जनरल संसाधन

http://www.askmrmovies.com

नागरिकि केन (1941) - अखबारों के विज्ञापन के एक क्लासिकि

विज्ञापन के लिए सरल हेडलाइंस बनाना

सुझाव पाठ:
सादा बात की कला - फ़्लेश

http://advertising.about.com/od/printadsandflyers/a/writingheadline.htm

अपने विज्ञापन के लिए अच्छी प्रतलिपि बिनाना

http://suite101.com/article/writing विज्ञापन कॉपी a152095

सबक सत्रह को पहचान

इस सबक योजना की रूपरेखा में, ओगल्विी सही तस्वीरें चयन और ठीक से मार डाला अगर ऊपर बक्रिी ड्राइव करेंगे कि पोस्टर का सही प्रकार बनाने की मायावी कला के माध्यम से हमें ले जाता है. एक तस्वीर लेकनि यह सही तस्वीर तभी, एक हजार शब्दों के लायक है. मैं अमेरकिा के प्रमुख राजमार्गों के कनिारे होर्डगि के लए ओगल्विी की अरुचि साझा करने के लए होता है. हालांक, वे ... राजस्व उत्पादन, ऐसा ..

पाठ 17 - वज्ञिापन और पोस्टर वर्णन करने के लए कैसे

ए अपने वज्ञिापन के वषिय में आप इसे बनाने के लए उपयोग तकनीक कहीं अधकि महत्वपूर्ण है.

बी वज्ञिापन दर्शक की जज्ञिासा पर काम करना चाहए. इस कहानी को अपील के रूप में जाना जाता है कुछ की आवश्यकता है. अपने वज्ञिापनों और पोस्टरों के लए सबसे अच्छा नरिपेक्ष फोटो आवश्यक हैं हो रही है सर्फि सफलता पर एक मौका है.

सी फोटो संभावति ग्राहक को अपनी बक्रिी वादा संवाद या तार कयिा है. अपने वज्ञिापन में भी अजीब या भी कलात्मक जा रहा से बचने; यह वक्रिय वादा में कोई कमी आएगी.

आप एक आदमी की एक तस्वीर का उपयोग करते हैं डी, आप संभावति दर्शकों के रूप में महलिाओं के एक बड़े वर्ग खो तुम एक औरत की एक तस्वीर का उपयोग करते हैं, तो आप अपने पुरुष दर्शकों का एक बड़ा हस्सिा खो देते हैं. एक तटस्थ यौन उत्पाद को बेचने के लए जब भी एक जोड़ी का उपयोग करें.

महलिाओं को अपने लक्ष्य कर रहे हैं, तो ई, एक बच्चे के लए सबसे अच्छा वषिय है. महलिाओं को बेचने के लए सेक्सी महलिाओं का प्रयोग एक सादा गृहणिी का उपयोग कर के रूप में के रूप में अच्छी तरह से काम नहीं करता है. रंग वज्ञिापनों काले और सफेद वज्ञिापनों की तुलना में 50% अधकि प्रभावी हैं. भीड़ वज्ञिापनों एकल वषिय वज्ञिापनों के रूप में के रूप में अच्छी तरह से काम नहीं करते.

एफ इमारतों और नर्जिीव वषियों दखिाते. कला नर्दिेशक की सलाह पर ध्यान न दें; वे बेचने से कला के साथ संबंध हैं.

संपादकीय पन्नों की तरह लग रही है कि जी वज्ञिापन की बक्रिी में 50% + अधकि बनाते हैं. अपनी तस्वीरों के

नीचे (और केवल नीचे) एक अच्छा शीर्षक है सुनश्चिति करें. एक बड़े प्रारंभकि पत्र के साथ अपनी कॉपी प्रारंभ करें. लंबे पैराग्राफ से बचें. पहले पैराग्राफ 12 शब्द या कम होना चाहिए.

एच आपके प्रत अखबार के लेख से कोई व्यापक होना चाहिए; क चौड़ाई के लिए वज्ञिापनों पर सर्वोच्च प्रतशित वापसी है.

मैं 10 या 11 बद्धि के प्रकार में अपने वज्ञिापन के लिए सेट करें. इस से छोटे प्रकार एक बहुत कम दर पर बेचता है. इस से भी बड़ा प्रकार अपने वज्ञिापन पर बहुत ज़्यादा कमरा लेता है.

तीन या चार अनुच्छेदों अपने वज्ञिापन की एकरसता को तोड़ने के लिए के बाद जे बोल्ड प्रकार का प्रयोग अच्छा है. इसके अलावा चत्रि हर तीन या चार अनुच्छेदों डालें.

लालकृष्ण * का प्रयोग करें गोलयिों या तारक * अपने पैराग्राफ में अपने पाठक में मदद करेगा.

एल वज्ञिापनों के लिए सफेद पर काला करने के लिए रखें. काले पर सफेद बचें. रंग का पाठ करने से बचें.

एम आपका शीर्षक शुरू से आखरि तक एक ही आकार का होना चाहिए. टोपी में वज्ञिापनों से बचें; वे (हम कम मामले में पढ़ना सीखते हैं क्योंक) को पढ़ने के लिए कठनि हैं.

एन कूपन वज्ञिापनों के लिए, कहीं और अपने वज्ञिापन और के शीर्ष मध्य भाग में अपने कूपन डाल दयिा.

ओ परयिोजना अपने वज्ञिापन में वर्ग की एक छव. लोग दूसरों के द्वतीय श्रेणी के रूप में संबंध है क उपभोक्ता उत्पादों से देखा जा रहा पसंद नहीं है.

पी वज्ञिापन की नकल (हार्वर्ड बजिनेस स्कूल) के अनुसार सभी वज्ञिापनों पर 90% में पोस्टर के लिए बेहतर है. अच्छा वज्ञिापन की नकल अच्छा छोटी कहानयिों और अच्छा उपन्यास के रूप में रूप में दुर्लभ है.

आप एक पोस्टर करना चाहिए तो क्या यथासंभव अपमानजनक हो. यथार्थवादी तस्वीरें प्रयोग करें और सार से बचें. आप बलिबोर्ड पोस्टर के लिए पाँच सेकंड है. ड्राइवर का ध्यान कई यातायात स्थतियिों में उससे भी कम है.

, कोई तीन से अधकि रंग शुद्ध मजबूत रंग का प्रयोग करें, और सभी एक सफेद पृष्ठभूम कि खलिाफ. अपने ब्रांड (कोका कोला) दखिाई (8 शब्द या कम) के साथ सबसे बड़ा संभव प्रकार का उपयोग करें.

आईसीए और HW 17

नम्निलखिति नबिंध उत्तर:

1 क्यों अपने वज्ञिापनों के वषियों आप उन्हें बेचने के लिए उपयोग तकनीक की तुलना में अधकि महत्वपूरण हैं?

2 क्यों जज्ञिासा हैं और अपने वज्ञिापन के वकिास में महत्वपूरण कारक वादा?

3 क्यों फोटो चयन एक सफल वज्ञिापन अभयिान का एक बहुत बड़ा हस्सिा है?

4 क्यों अपनी कॉपी अखबार चौड़ाई होना चाहएि?

5 क्यों आप अपने वज्ञिापनों में बड़े प्रकार प्रयोग से बचना चाहएि?

6 क्यों अपनी कॉपी होर्डगि के लएि बहुत संक्षप्ति होना चाहएि?

इस पाठ के लएि अतरिक्ति इंटरनेट संसाधन:

जनरल संसाधन

http://www.askmrmovies.com

बुरा लेखन (वृत्तचत्रि) (2012)

वज्ञिापन के लएि महान प्रतलिपि बिनाना

http://www.streetdirectory.com/travel_guide/5015/marketing/kick_starting_body _copy.html

ग्रेट पोस्टर बनाना

http://www.ehow.com/video_7369054_design-वज्ञिापन poster.html

सबक अठारह पहचान

हम ओगलि्वी और माथर वज्ञि्रापन एजेंसी के आगमन के बाद से टीवी वज्ञि्रापनों के पचास वर्षों से पड़ा है हालांकि, डॉस और टीवी वज्ञि्रापन के don'ts पर पालन करने के लिए अंगूठे के कुछ बुनियादी, क्लासकि नयिम अब भी कर रहे हैं. इस सबक योजना की रूपरेखा में, हम एक अच्छा 30 दूसरे स्थान वज्ञि्रापन बनाने के लिए जांच कैसे.

पाठ 18 - अच्छा टेलीवजिन वज्ञि्रापन बनाने के लिए

ए टीवी वज्ञि्रापन का उद्देश्य मनोरंजन करने के लिए, लेकनि उत्पाद बेचने के लिए नहीं है.
बी एक स्थान में अकेले बोले गए शब्दों का प्रयोग न करें; आप फोटो (ओं) शामलि हैं सुनश्चिति करें. ग्राहक इसे देख नहीं है, तो वे सबसे अधकि संभावना यह भूल जाओगे.
सी आप वज्ञि्रापन के तत्वों के सभी सात संवाद करने के लिए एक 30 दूसरे स्थान वाणज्यिकि के लिए वास्तव में 28 सेकंड है. दबाव? क्या दबाव? यह आप के लिए बड़े रुपये का भुगतान हो रही है, तो कराहना नहीं क्या करते हैं.
डी अपने उत्पाद खबर बनाने की कोशशि करें. संपादकीय दृष्टकिोण यद संभव हो तो उपयोग करें.
ई "आप एक ब्रेक आज लायक" "बस यह मत करो" और जैसे जगिल और चतुर थोड़ा बातें करने से बचें. वे trite हैं और उत्पाद के लिए एक वादा नहीं कर सकता हूँ.
अपने टीवी वज्ञि्रापनों के लिए एफ का प्रयोग अत्यधकि नकिट अप. अधकिांश टीवी स्क्रीन वशाल आकार नहीं कर रहे हैं. अपने उत्पाद यह फोटो खचिवाने के रूप में उल्लेख कयिा जा रहा नाम के साथ एक बंद हुआ हो जाता है सुनश्चिति करें.
जी कभी कभी आप वज्ञि्रापन के सभी सात तत्वों में फटि नहीं कर सकते हैं; आप कर सकते हैं के रूप में कई में फटि बैठते हैं.

आईसीए और HW 18

नम्निलखिति नबिंध उत्तर:

1 क्यों दर्शक के मनोरंजन से ज़्यादा महत्वपूर्ण अपने उत्पाद बेच रहा है?
2 क्यों चत्रि या क्लपि अपने वज्ञिापन के लिए आवश्यक हैं?
3 क्यों खबर या वज्ञिापन टीवी वज्ञिापनों के लिए सबसे सफल तरीकों में से एक के संपादकीय तरीका है?
4 क्यों आप अपने वज्ञिापनों में जगिल या चतुर बातें करने से बचना चाहिए?
5 क्यों आप अपने वज्ञिापनों में अपने उत्पाद की चरम पास अप का उपयोग करना चाहिए?
अपने वज्ञिापन में आप वज्ञिापन के सभी सात तत्वों फटि नहीं कर सकते अगर 6 तुम क्या करना चाहिए?

इस पाठ के लिए अतरिक्ति इंटरनेट संसाधन:

जनरल संसाधन

http://www.askmrmovies.com

नेटवर्क (1976) - टीवी वज्ञिापनों पर क्लासकि फलि्म

एक टीवी जगह तस्वीर को कैसे

http://smallbusiness.chron.com/television-वज्ञिापन-तकनीक-18629.html

संपादकीय वज्ञिापन

http://www.theguardian.com/technology/2009/feb/16/netbytes-वज्ञिापनों-aotw

सबक उन्नीस पहचान

हर कोई एक अच्छा भोजन का आनंद मलिता है. लेकनि यह कैसे आप बाजार में वहाँ बाहर दूसरों के हजारों से अपने खाद्य उत्पाद को अलग करते हैं? ओगलि्वी आप बाहर जाने के लिए और (क्राफ्ट चमत्कार कोड़ा की तरह) सबसे सांसारकि खाद्य पदार्थ खरीदने के लिए चाहते हैं कैसे कर सकते हैं पर अधकि ध्यान दें. उनके पागलपन के लिए एक वधि है.

पाठ 19 - खाद्य उत्पादों के लिए अच्छा वज्ञिापन अभयिान बनाने के लिए

ए उपभोक्ता की भूख के आसपास अपने वज्ञिापन बनाएँ
बी प्रयोग करें अपने भोजन के पास अप और वे अपील कर रहे हैं बनाना
सी अपने भोजन वज्ञिापनों में लोगों को दखिाने के लिए नहीं; सरि्फ खाना
डी का प्रयोग अपने भोजन के महान तस्वीरें
एक प्राथमकि तस्वीर को ई स्टकि
एफ अपना खाना भी शामलि है कि एक नुस्खा है; उपभोक्ताओं व्यंजनों प्यार
जी नकल में अपने नुस्खा दफनाने मत करो; यकीन है कि यिह अलग है बनाना
एच सफेद कागज पर अपने नुस्खा प्रटि; नहीं फोटो या स्क्रीन पर
मैं अपने खाद्य उत्पाद के बारे में अपने वज्ञिापन में कुछ समाचार प्राप्त करें
जे अपने शीर्षक वशिष्टि करें; सामान्य नहीं
लालकृष्ण अपने शीर्षक में अपने ब्रांड का नाम शामलि
एल खाद्य वज्ञिापनों के बारे में गंभीर हो; हास्य या चतुर नकल की सफिारशि नहीं है

आईसीए और HW 19

नम्निलखिति नबिंध उत्तर:

1 क्यों हम अपने उत्पाद बेचने के लिए उपभोक्ता की भूख का उपयोग करना चाहिए?

2 क्यों लोगों को भोजन विज्ञापनों से बाहर छोड़ दिया जाना चाहिए?

3 क्यों हम मुख्य रूप से हमारे भोजन विज्ञापन के लिए केवल एक तस्वीर का उपयोग करना चाहिए?

हमारे खाद्य उत्पाद बेचने जब 4 क्यों हम एक नुस्खा शामिल करना चाहिए?

5 क्यों हम भोजन विज्ञापनों से हास्य को खत्म कर देना चाहिए?

इस पाठ के लिए अतिरिक्त इंटरनेट संसाधन:

जनरल संसाधन

http://www.askmrmovies.com

हैम्बर्गर (1986)

अच्छा खाना विज्ञापन बनाने के लिए कैसे

http://smashinghub.com/36 सबसे लोकप्रिय प्रिंट खाद्य advertisements.htm

टीवी के लिए खाद्य विज्ञापन कैसे करने के लिए

http://www.creativebloq.com/3d/top टीवी विज्ञापनों-12121024

सबक बीस को परचिय (समीक्षा सबक आठ इस पाठ शुरू करने से पहले)

ओगलि्वी हमें वज्ञिापन के कारोबार में सफलता की सीढ़ी चढ़ने के लएि पर कुछ ध्वनि सलाह देता है. मैं वशिेष रूप से छुट्टयिों पर सलाह पसंद है और, उन्हें खुद पर अमल करने की योजना है. उनकी अन्य सलाह सर्फि मूल्यवान के रूप में, तो ध्यान देना है.

पाठ 20 - वज्ञिापन में सफलता की सीढ़ी चढ़ने के लएि कैसे

ए महत्वाकांक्षी है, लेकनि आप के आसपास के लोगों को आप महत्वाकांक्षी हैं समझ है कि नहीं इतनी महत्वाकांक्षी हो, या वे आप को तोड़फोड़ करने के तरीके खोजने होंगे.
एक आइवी लीग स्कूल से अपनी ताजा एमबीए के साथ आ रहा है जब बी वनिम्र बनो; आप नहीं कर रहे हैं अगर आप अपने पहले दनि से एक लक्ष्य हो जाएगा.
सी सब कुछ अपना पहला खाता इंटरनेट अनुसंधान के अलावा हाथ पर, व्यक्ति यात्राओं सहति के बारे में पता करने के लएि वहाँ है जानें.
डी आप अपने अन्य कौशल के अलावा सुर्खयिों और शरीर की नकल पर एक वशिेषज्ञ हैं सुनश्चिति करें.
ई प्रस्तुतयिों के एक मास्टर बनें
एफ अपने ग्राहक और संभावति ग्राहक की जानकारी पूरी तरह से गोपनीय रखें; सुनश्चिति करें कि आप कसिी का बयान सुना है जो एक पुजारी हैं वश्विास करते हैं.
जी बच्चों के बनिा, एक ठोस दो सप्ताह की छुट्टी ले लो, लेकनि अपनी पत्नी के साथ. दादी के दो सप्ताह के लएि

कम से बच्चा (ओं) डंप. खाने, सोने और मजेदार है और फिर वापस ताजा हो अपने काम के लिए आते हैं, लेकिन कुछ भी नहीं है.

आईसीए और HW 20

निम्नलिखित निबंध उत्तर:

1 क्यों हम अपने साथी कार्यालय के कर्मचारियों से हमारी महत्वाकांक्षा को छिपाने चाहिए?
पहले विज्ञापन में नए कार्यस्थल में प्रवेश जब 2 क्यों हम विनम्र होना चाहिए?
3 क्यों हम इंटरनेट अनुसंधान के अलावा हमारी पहली ग्राहक (और हर ग्राहक) के लिए व्यक्तिगत दौरा करना चाहिए?
4 क्यों हम अपने विज्ञापनों के लिए सुर्खियों में है और शरीर पाठ बनाने में विशेषज्ञों हो जाना चाहिए?
क्यों हम अपने ग्राहक की जानकारी के साथ गोपनीयता बनाए रखनी चाहिए 5?
6 क्यों छुट्टियों विज्ञापन व्यवसाय में महत्वपूर्ण हैं?

इस पाठ के लिए अतिरिक्त इंटरनेट संसाधन:

जनरल संसाधन

http://www.askmrmovies.com

यह एक अद्भुत जीवन (1946) है - आप महत्वाकांक्षा पर उचित परिप्रेक्ष्य दे देंगे

कार्यालय राजनीति को संभालने के लिए

http://guides.wsj.com/careers/how करने वाली उबरने-कैरियर obstacles/how को संभालने ऑफिस-

politics/

अपने ग्राहक की जानकारी गोपनीय रखते हुए

http://www.wisegeek.org/what-कार्यस्थल-confidentiality.htm है

सबक बीस एक को पहचान

खैर, उम्मीद है, जो पिछले 20 सबक आप संयुक्त राज्य अमेरिका में अपने विज्ञापन कैरियर पर एक अच्छी शुरुआत दे देंगे; लेकिन यदि आप एक जगह की तरह ...... चीन में एक विज्ञापन exec क्या कर रहे हैं? यहाँ इस विषय पर अनुसंधान के पांच साल का एक संग्रह के आधार पर कुछ सबक हैं. चीन आप उन्हें एक बहुत बिक्री हो जाएगा 2020 तक अमेरिका की नंबर एक व्यापारिक भागीदार होने का अनुमान है.

पाठ 21 - चीन में टीवी पर बेचना

चीन में टीवी पर बेचना ए दुनिया में कहीं और टीवी पर बेचने की तरह नहीं है. यह विज्ञापन के बुनियादी तत्वों के अलावा, टीवी विज्ञापन के लिए पूरी तरह से अनूठी है.

बी मुख्य रूप से चीन में सभी सीसीटीवी स्टेशनों के लिए केवल एक विज्ञापन एजेंसी है; कि चीन के भीतर विज्ञापन पर एक अविश्विसनीय एकाधिकार है जो स्वर्ण (वास्तव में) ब्रिज विज्ञापन एजेंसी, हो जाएगा.

सी एक एकाधिकार होने के बावजूद, गोल्डन ब्रिज अपने ग्राहकों के लिए कई शानदार टीवी स्पॉट और विज्ञापन बनाता है; विशेष रूप से उनकी यात्रा गंतव्य विज्ञापन में. मिनिरल वाटर के रूप में सांसारिक रूप में भी उत्पादों को इस प्रथम श्रेणी के विज्ञापन एजेंसी द्वारा प्रथम श्रेणी के उपचार दिया जाता है.

चीनी टेलीविज़िन पर डी स्पॉट व्यापक रूप से भिन्नि हो सकती हैं. अमेरिका और अधिकांश अन्य देशों में, औसत स्थान या तो 15 सेकंड या 30 सेकंड है. चीन में हाजिर दो मिनिट के रूप में लंबे समय हो सकता है. ज्यादातर स्थानों हालांकि, अभी भी 15 या 30 सेकंड हैं. रचनात्मकता और चीनी टीवी के लिए विज्ञापन लंबाई बदलती के लिए थोड़ा और अधिक कमरे होने लगता है.

ई चीनी विज्ञापन अक्सर अपने उपभोक्ताओं के 99% या उससे अधिक चीनी होते हैं, भले ही किसी वजह से पश्चिमी अभिनिताओं और अभिनेत्रियों का उपयोग करें. मैं किसी भी चीनी विज्ञापन में पश्चिमी शब्दों या अभिनिताओं का उपयोग कर के आर्थिक लाभ नहीं देख सकता. 95% अपने विज्ञापन नहीं समझती अपने उपभोक्ता दर्शकों की (5% चीन में कुछ बहुत ही बुनियादी अंग्रेजी समझ सकता है), तो आप अपने विज्ञापन बजट का 95% बर्बाद कर रहे हैं. अमेरिकी या पश्चिमी वस्तुओं को बेचने के लिए चीनी अक्षरों, चीनी अभिनिताओं और चीनी सहारा का उपयोग करें; अपने विज्ञापन के परिणामों में कहीं अधिक निकलेगा.

एफ एक ही स्पॉट चीनी टेलीविज़िन पर और फिर से चलाने के. यह विज्ञापन के क्षेत्र में या कंपनियों को एक सुसंगत बिक्री संख्या हर महीने में खींच रहे हैं कि क्या सीमित रचनात्मकता वहाँ इसका कारण यह है कि क्या स्पष्ट नहीं है; जो मामले में वे यह टूटा नहीं है तो कुछ भी ठीक करने के लिए सही नहीं होगा.

जी सबसे सफल विज्ञापन ऐसे में पीने के पानी, आइस्ड चाय और अन्य साधारण आइटम के रूप में कम इकाई लागत के साथ वस्तुओं में शामिल हैं जो लोग कर रहे हैं. इन उत्पादों को चीन में व्यापक उपभोक्ता आबादी है और इसलिए उन्हें लक्षित कर तो बहुत आसान है, बीएमडब्ल्यू बेचने का अधिकार बाजार को लक्षित, हम कहते हैं.

सही समय स्लॉट में एच खरीदना समय कई प्रमुख कंपनियों के लिए महत्वपूर्ण है. चीनी दर्शकों प्रतिभा कार्यक्रमों से प्यार है और वे सभी चीनी प्रसारण के उच्चतम दर्शक रेटिंग्स है. नतीजतन, इन टाइम स्लॉट में विज्ञापित करने के लिए सबसे महंगे हैं, लेकिन क्या आप के लिए भुगतान करते हैं.

आप सीसीटीवी पर हवा करने की योजना किसी भी विज्ञापन करने से पहले मैं, तुम वाणिज्यिक एयर पहले सारी सेंसरशिप नियमों का पालन सुनिश्चित करें. नियमों सार्वजनिक रूप Xinhuanet.com साइट पर सूचीबद्ध हैं.

आईसीए और HW 21

नम्निलखिति नबिंध उत्तर:

1 कैसे चीनी टीवी करते हैं और वज्ञिापनों में पश्चमिी टीवी और वज्ञिापनों से भन्नि होते हैं.

2 क्यों गोल्डन ब्रजि वज्ञिापन एजेंसी चीन में महत्वपूर्ण है?

3 क्यों कई चीनी वज्ञिापन ग्राहकों पर और फरि से एक ही वज्ञिापन चलाते हो?

4 क्यों सुरक्षति कम इकाई लागत आइटम आर्थकि रूप से बड़ी टकिट आइटम से वज्ञिापति करने के लिए कर रहे हैं?

5 क्यों सही समय स्लॉट और कार्यक्रम अपने वज्ञिापन की सफलता के लिए बहुत महत्वपूर्ण है?

आप अपने वज्ञिापन बनाने से पहले 6 क्यों आप टीवी वज्ञिापन गवर्नगि सन्हिुआ वेब साइट के नयिमों के साथ देखना चाहिए?

इस पाठ के लिए अतरिक्ति इंटरनेट संसाधन:

जनरल संसाधन

http://www.askmrmovies.com चीनी पर जैसे चीनी टीवी देखना

http://www.imdb.com/title/tt1261968/

उत्तम चीनी टीवी शो पर वज्ञिापन के लिए

http://bbs.chinadaily.com.cn/thread-852713-1-1.html

चीनी टेलीवजिन वज्ञिापन वनियिम

http://news.xinhuanet.com/english/china/2013-01/21/c_132117787.htm

सबक बाईस को पहचान

चीन में इंटरनेट पर बेचना अमेरकिा और पश्चमिी इंटरनेट बाजार से वापस समय और प्रौद्योगकिी के क्षेत्र में दस या पंद्रह साल जाने की तरह है. साइटों के अधकिांश, स्वाभावकि रूप से, पूरी तरह से चीनी हैं. कुछ साइटों को अंग्रेजी और चीनी गठबंधन करने की कोशशि, लेकनि आमतौर पर Chinglish (खराब वर्तनी और व्याकरण त्रुटयिों के साथ अंग्रेजी का एक बहुत ही खराब फार्म) के साथ हवा. आप पश्चमिी शक्षिा, पश्चमिी ट्रेवल साइट्स, या पश्चमिी लक्जरी वस्तुओं की बक्रिी कर रहे हैं, जब तक मैं एक चीनी केवल साइट सलाह देंगे. बेशक, सबसे अच्छा समाधान के लिए एक शीर्ष पश्चमिी प्रतलिखक और एक ही स्टाफ पर एक शीर्ष चीनी प्रतलिपिलिखक के लिए कयिा जाएगा; उस फार्मूले के साथ गुड लक. पश्चमिी देशों के वे वज्ञिापन प्रतभिाएँ हैं और लगता है कि चीनी वे वज्ञिापन प्रतभिाएँ हैं. इस मामले के तथ्य उन दोनों समय के वशिल बहुमत गलत हो रहा है.

पाठ 22 - चीन में इंटरनेट पर बेचना

ए चीन में इंटरनेट उद्यमयिों के लिए एक दलिचस्प चुनौती है. यह कई कारणों के लिए सरकार सेंसरशपि का एक वशिल राशि है कि वहाँ नहीं बल्कि सामान्य ज्ञान (उनमें से ज़्यादातर आर्थकि) है. उदाहरण के लिए, यह QQ और Sogou जैसी कंपनयिों सामाजकि नेटवर्कगि बाजार पर हावी है और चीनी कंपनयिों के लिए पैसा बना सकते हैं, ताकि चीनी इंटरनेट से फेसबुक जैसी सामाजकि नेटवर्क के बाहर रखने के लिए चीनी सरकार behooves. इन कंपनयिों पर एकत्र करों, ज़ाहरि है, तो सही चीनी सरकार के पास जाओ. चीनी जीएनपी साल के एक नंबर के लिए दुनयिा के बाजार पर हावी है और यह उनमें से एक है क्यों कई अच्छे कारण हैं. चीन, हालांकि, संरक्षणवाद के इस रूप प्रथाओं कि केवल देश नहीं है.

बी चीन में इंटरनेट की सीमाओं के बावजूद, छोटे और मध्यम आकार के व्यापारों के लिए कई वेब साइट के अवसर अभी भी कर रहे हैं. वेब साइट के नर्मािण के बुनयिादी सद्धिांतों अभी भी दुनयिा के बाकी हस्सिों के साथ ही चीन के लिए सही पकड़; आपकी साइट अच्छी तरह से वज्ञिापति, अच्छी तरह से संगठति हो और एक आला, या ऑनलाइन हैं कि कई प्रतयिोगयिों से अलग कुछ होगा.

सी चीनी सरकार अश्लील साहित्य को रोकने के बारे में बहुत सख्त है, इस तरह दूसरों के बौद्धकि संपदा अधकिारों का उल्लंघन करती है कि निकली ब्रांड नाम या कुछ भी रूप में कसिी भी प्रकार की संदग्धि वस्तुओं की बक्रिी के घोटाले (वपिरीत आप सुना हो सकता है क्या करने के लिए). इसके अलावा, इस तरह के माओत्से तुंग और दूसरों के रूप में प्रसद्धि राजनीतकि नामों चीन में इंटरनेट पर आइटम बेचने के लिए इस्तेमाल नहीं कयिा जा सकता.

आप इंटरनेट पर अपने आइटम बेचने डी, आप चीनी सरकार करों में अपनी बक्रिी का एक नशि्चति प्रतशित का भुगतान करने के लिए जम्मिेदार हैं. अलीबाबा और Taobao चीनी इंटरनेट व्यवसायों के लिए मानक नर्धिारति कयिा है कि दो सफल इंटरनेट कंपनयिों रहे हैं.

अपनी वेब साइट चीन के बाहर अन्य देशों में आयोजति होने के लिए ई यह स्वीकार्य है. आप चीनी करों के लिए, हालांकि, अभी भी जम्मिेदार हैं. आपकी कंपनी अंग्रेजी भाषा सामग्री या अन्य वशिष्टि पश्चमिी सामान बेच रहा है, जब तक कि चीनी वेब साइटों में मुख्य रूप से चीनी में होना चाहिए.

उन दुकानों और सफल वेब साइट बनाने के लिए सक्षम हैं कि कारोबार के लिए एक नुकसान में हो जाएगा एक वशि्वसनीय राजस्व बनाता है कि एक कार्य वेब साइट नहीं है कि एफ गोदाम और चीन में कारोबार.

आईसीए और HW 22

नम्निलखिति नबिंध उत्तर:

1 क्यों एक वेब साइट चीन में एक चुनौती वकिसति कर रहा है?

2 चीन में इंटरनेट के बारे में चीनी सरकार की प्रमुख चतिाओं में से कुछ क्या हैं?

3 कैसे आप अपने सफल वेब साइट के लिए करों के मुद्दे को संभालना चाहिए?

4 क्यों अपने वेब साइट की भाषा एक प्रमुख चतिा का वषिय है?

क्यों सफल व्यापार वेब साइटों को एक फायदा एक भी नहीं है कि कारोबार पर 5 है ऐसा?

इस पाठ के लिए अतरिक्ति इंटरनेट संसाधन:

जनरल संसाधन

http://www.askmrmovies.com

सामाजकि नेटवर्क (2010) - फेसबुक और मार्क ज़ुकेरबर्ग आकर्षक की कहानी

चीनी वेब साइटें

http://www.alexa.com/topsites/countries/CN

चीनी करों

http://en.wikipedia.org/wiki/Taxation_in_China

सबक तेईस को पहचान

कक्षा में मेरा पसंदीदा वषियों में से एक चीन में छोटे व्यवसायों की परीक्षा है; मुख्य रूप से कबाड़ी बाजार में और सड़कों में बेचने के जो लोग. मानो या न मानो, कारोबार के इन लाखों चीन के बैंक से ऋण के लिए आवेदन करने वाले लोगों की तुलना में एक बहुत अधिक सफलता दर है. क्यों? वे बहुत छोटे हैं और एक बहुत कम जोखिम शामिल है. वहाँ वफिलताओं का एक महत्वपूर्ण राशि (एक तीन वर्ष पैमाने पर मापा जाता है) अब भी कर रहे हैं, लेकिन सफलता दर लगभग 30% (या अधिक से अधिक तीन गुना बड़ा कारोबार की कि) है. इन सड़क विक्रेताओं के अधिकांश स्थान या किराए पर लेने के लिए भुगतान नहीं करते. कई अपनी सूची से बाहर बहुत कम खर्च किया है. प्रमुख कमियां की है, हालांकि, इन सड़क व्यवसायों के भेदभाव की कमी है; आप एक ही सटीक वस्तुओं की बिक्री एक सौ अन्य सड़क विक्रेताओं पा सकते हैं. यह अंततः undersold हो रही है और कारोबार से बाहर जा रहा है उनमें से लगभग 70% होता है. एक और बड़ी खामी इन विक्रेताओं के लाखों लोगों के बीच तकनीकी विशेषज्ञता की कमी है; जिनमें से कई एक कंप्यूटर या वेब साइट नहीं है.

पाठ 23 - चीन में सड़क पर बेचना

चीनी शहरों की सड़कों पर ए बेचना कई चीनी व्यापार लोगों के लिए अधिक लाभदायक प्रयासों में से एक है. जोखिम कम या भुगतान करने के लिए कोई किराया वहाँ कभी भुगतान अगर करों, शायद ही कभी रहे हैं, और छोटे व्यवसायों के इन लाखों की सफलता दर लगभग 92% की विफलता की दर है, जो चीन में bankrolled व्यवसायों की तुलना में तीन गुना अधिक है, कम है बैंक की चीन के ऋण विभागों के अनुसार तीन साल के भीतर.

बी आप अपने गली माल बेच रहे हैं शहर में रहते हैं और लगभग बारह घंटे एक दिन के लिए अपनी मेज पर होना चाहिए. बिक्री धीमी गति से कर रहे हैं जब यह मांग की, और कभी कभी unrewarding अनुभव हो सकता है. चीन की सड़कों पर सी बेचना बहुत ही सुरक्षित है और बहुत कम चोरी के कारण चीनी के विशाल बहुमत की सामाजिक संस्कृति को नहीं है. बार्गेनिंग, हालांकि, कुल मिलाकर एक और गेंद का खेल है. लगभग हर ग्राहक लगभग हर आइटम के लिए सौदा होगा. मूल कीमत स्ट्रीट वेंडर प्राप्त करने की उम्मीद कीमत कभी नहीं है यही कारण है कि आप आसानी से कहीं भी 10-20% हर मद से और आप बहुत सारा पैसा खर्च करते हैं तो बंद करने के लिए 50% तक की उम्मीद कर सकते हैं.

डी चीनी सड़क विक्रेताओं खराब मौसम, गरीब स्थान, और वे एक ही चीजों की बिक्री 100 अन्य विक्रेताओं से प्रतियोगिता की दया पर निर्भर हैं. इस सौदेबाजी के लिए गोला बारूद का एक बहुत कुछ के साथ उपभोक्ता प्रदान करता है. इन कमियों के बावजूद, कई सड़क विक्रेताओं अभी भी दिन के अंत तक एक अच्छा लाभ कर. एक सड़क के विक्रेता एक आला या भेदभाव का एक सा है करने के लिए पर्याप्त बुद्धिमान है ई, तो वे मानक सड़क विक्रेताओं की तुलना में बहुत अधिक समृद्ध होगा.

तकनीक प्रेमी हैं और एक आला लगभग पैसे की काफी बनाने के लिए गारंटी होगी है जो एफ स्ट्रीट वेंडरों. विभेदित के सामान के साथ एक लाइव स्थान के अलावा एक विश्वसनीय राजस्व स्ट्रीम बनाने में सफल रहा है कि एक स्थानीय वेब साइट पिस्सू बाजार में एक घातक संयोजन है.

आईसीए और HW 23

निम्नलिखित निबंध उत्तर:

1 कैसे चीन में सड़क विक्रेताओं चीन में अन्य छोटे और मध्यम आकार के व्यापारों के साथ तुलना करते हैं? आप चीन में एक सड़क के विक्रेता के रूप में व्यापार करते हैं, जहां 2 क्यों तुम जीना चाहिए?

3 कैसे सौदेबाजी चीन में एक सड़क के विक्रेता है कि वस्तुओं के मूल्य निर्धारण में प्रवेश करता है.
4 क्यों भेदभाव एक चीनी सड़क विक्रेता की सफलता के लिए एक महत्वपूर्ण कारक है?
5 कैसे तकनीकी विशेषज्ञता चीनी सड़क विक्रेता के लाभ के लिए जोड़ता है?

इस पाठ के लिए अतिरिक्त इंटरनेट संसाधन:

जनरल संसाधन

http://www.askmrmovies.com

स्ट्रीट लाइफ (2006) - सड़क विक्रेताओं के रूप में पैसा बनाने की कोशिश कर प्रवासी श्रमिकों पर एक स्पष्ट नज़र

चीनी सड़क विक्रेताओं

http://triciawang.com/bytes के-china/2011/12/19/street विक्रेता जीवन में china.html

शीर्ष चीनी पिस्सू बाजार

http://www.tour-beijing.com/blog/beijing-travel/top-10-बीजिंग markets/

सबक चौबीस को पहचान

और हां, नियमित रूप से चीनी की दुकानों और स्टोर हैं. वे किराए का भुगतान करने के लिए है और आमतौर पर एक ही ब्लॉक पर कभी कभी (शहर के अन्य भागों में बिल्कुल एक ही वस्तुओं की बिक्री अन्य दुकानों के दर्जनों से भेदभाव नहीं कर रहे हैं क्योंकि ये सड़क विक्रेताओं से कम एक सफलता बड़ा व्यवसायों की तुलना में थोड़ा उच्च दर है, लेकिन !). आप कॉलेज से स्नातक करने के बाद एक दुकान खोलने के लिए एक निर्णय करने से पहले पर पढ़ें.

पाठ 24 - चीन में दुकानों में बेचना

ए चीन में दुकानों के तीन प्राथमिक समूह नहीं हैं; मॉल में मुख्य सड़कों पर दुकानों, ओर सड़कों पर दुकानों, और भंडार. मॉल में स्टोर लगभग हमेशा महंगे हैं, लेकिन वे थोड़ा गलियों में अन्य दुकानों के अधिकांश से भेदभाव कर रहे हैं. मुख्य सड़कों पर दुकानों लगभग हमेशा तरफ सड़कों पर दुकानों की तुलना में अधिक महंगे हैं और आमतौर पर है कि अच्छी तरह से भेदभाव नहीं कि मिाल है. ओर सड़कों पर दुकानों लगभग हमेशा उपभोक्ता के लिए कम महंगा हो जाएगा, लेकिन यह भी ज़्यादातर मामलों में भेदभाव की कमी से ग्रस्त है.

बी मॉल की दुकानों में सबसे अधिक बार भुगतान करने के लिए बहुत उच्च किराए होगा और अभी भी तोड़ने की मात्रा में बिक्री में एक्स राशि किरना चाहिए. इन दुकानों की विफलता की दर चीन के बैंक के अनुसार 90% से अधिक है. विफलता आमतौर पर होने के कारण अच्छा विज्ञापन की कमी, अंतर करने के लिए एक विफलता है, और एक सफल वेब साइट बनाने के लिए तकनीकी विशेषज्ञता की कमी होने के कारण होता है.

मुख्य सड़कों पर स्थिति सी स्टोर मॉल की दुकानों की तुलना में थोड़ा अधिक सफलता दर है, लेकिन अभी भी मॉल भंडार है कि एक ही कमियों से ग्रस्त हैं. उनकी असफलता की दर 80% से अधिक है.

पक्ष गलियों में स्थिति डी स्टोर बेहतर सस्ते दामों पर प्राप्त करने के लिए तरफ सड़कों पर दुकान और पैसा बचाने के लिए थोड़ा और अधिक सफल मुख्य सड़कों पर या चीनी (विदेशियों के रूप में भी) वर्षों से सीखा है क्योंकि मॉल में स्थिति उन से होने लगते हैं (एक चीनी राष्ट्रीय शगल). असफलता की दर यहां मॉल और मुख्य सड़क भंडार असफल ही कारण के लिए अभी भी 70% से अधिक होने के कारण है.

कबाड़ी बाजार और सड़क विक्रेताओं, मॉल की दुकानों और मुख्य सड़क की दुकानों के विपरीत ई शायद ही कभी अपने सामान के साथ सौदा. आप एक सामयिक छूट मिल सकती है, लेकिन वे भूमि के ऊपर सूची कीमतों में सकारात्मक असर है, क्योंकि वे आम तौर पर उनकी कीमतों में रहना होगा.

एफ ओर सड़क की दुकानों में ज़्यादा ग्राहकों को छूट की पेशकश करने की संभावना है और वे खाद्य वस्तुओं के अलावा है व्यावहारिक रूप से सब कुछ के लिए सौदा करने के लिए तैयार हैं.

आईसीए और HW 24

निम्नलिखित निबंध उत्तर:

1 चीन और कैसे में दुकानों के तीन मुख्य प्रकार वे अलग है क्या?

2 क्या फायदे और चीन में एक मॉल की दुकान का नुकसान?

3 दुकानों के फायदे और नुकसान चीन में मुख्य सड़कों पर स्थिति क्या?

4 दुकानों के फायदे और नुकसान चीन में ओर सड़कों पर स्थति क्या?
5 कैसे दुकानों के इन प्रकार के सभी तीन कबाड़ी बाजार और सड़क वक्रिताओं से अलग है?

इस पाठ के लिए अतरिक्ति इंटरनेट संसाधन:

जनरल संसाधन

http://www.askmrmovies.com

एक साधारण नूडल स्टोरी (2009) - एक देशी चीनी व्यापार कैसे चलाया जाता है पर अच्छी जानकारी

चीनी मॉल के स्टोर

http://www.chinatouristmaps.com/top-10s/shopping-malls.html

सड़कों पर चीनी गोदाम (भोजन)

http://www.simsimhamara.info/chinese रेस्तरां व्यापार की योजना क्यों तुम-जरूरत one/

उपसंहार

मैं आप वज्ञिापन की दुनयिा के माध्यम से अपनी यात्रा का आनंद लयिा है आशा है. असफलता का डर संख्या वज्ञिापन में अपने हाथ की कोशशि कर रहा से रोक मत देना. बेहतर करने की कोशशि की और सब पर की कोशशि की है कभी नहीं की तुलना में असफल रहे हैं. एक ही अपने काम से काम की कोशशि कर के लिए सच है. एक महान आदमी एक बार कहा था के रूप में अपने आनंद का पालन करें. जीवन एक लंबी सड़क है; sidestreets में से एक पर उतरना और मनोरंजन के लिए एक छोटे से खरीदारी करते हैं.

www.ingramcontent.com/pod-product-compliance
Lightning Source LLC
Chambersburg PA
CBHW071725170526
45165CB00005B/2156
9781500909567